新模式下收费标准化管理规范汇编

少新管理处　编

黄河水利出版社
·郑州·

图书在版编目(CIP)数据

新模式下收费标准化管理规范汇编/少新管理处编. —
郑州:黄河水利出版社,2020.11
ISBN 978-7-5509-2850-3

Ⅰ.①新… Ⅱ.①少… Ⅲ.①高速公路-公路费用-
征收-标准化管理-汇编-中国 Ⅳ.①F542.5

中国版本图书馆CIP数据核字(2020)第233512号

出 版 社:黄河水利出版社
地址:河南省郑州市顺河路黄委会综合楼14层　　邮政编码:450003
发行单位:黄河水利出版社
发行部电话:0371-66026940、66020550、66028024、66022620(传真)
E-mail:hhslcbs@126.com
承印单位:河南新华印刷集团有限公司
开本:787 mm×1 092 mm 1/16
印张:6
字数:104千字　　印数:1—1 000
版次:2020年11月第1版　　印次:2020年11月第1次印刷

定价:59.00元

前　言

高速公路作为人民出行的重要载体，随着出行需求的精细化、高质化，对高速公路服务提出了更加全面、便捷、准确、迅速等方面的需求，数字化、智慧化是必经之路。新收费系统应用高精度定位、先进传感、移动互联、智能控制、图像处理等技术，实现电子不停车快捷收费（ETC），辅以车牌图像识别、多种支付手段融合应用的技术路径，向科技要效率，向科技要人力，以减少环境污染，避免交通拥堵，提升服务水平，为交通的智慧管理、绿色发展打下坚实的基础。

传统高速公路机电设施在道路沿线很少能够采集到精确到具体车辆的相关信息，本书项目中新收费模式由于设置有 RSU、车牌识别设备等，可以精确采集车辆相关信息，通过大数据处理，能够对道路沿线车辆运行状态进行分析，对个别车辆行驶异常情况进行判别预警，对沿线隧道通风照明策略进行调控，对通道交通流进行管控调节，对于提高高速公路运营管理意义重大，能够拓展出许多新的管理功能。

本书针对新收费模式的相关信息和功能进行解读，进一步引导与规范从业人员对新系统的操作和应用。

作　者

2020 年 9 月

目　录

第1章 总　则

（1）为进一步提高新收费模式下收费工作的标准化、精细化程度，规范工作机制和操作流程，全面提升收费队伍素质，特制定本规范。

（2）本规范根据《收费公路联网收费运营和服务规则（2020）》（交办公路函〔2020〕466号）的有关规定制定，适用于少新管理处所辖路段联网收费运营和服务。

（3）少新管理处所辖路段联网收费运营和服务除应符合本规范外，还应符合国家法律法规和行业现行有关标准规范的规定。

第 2 章　收费站通行保障

2.1　ETC 基本规则

(1)所有车道均应具备 ETC 服务功能。

(2)ETC 车道宜采用自动栏杆岛内布局模式。

2.2　车道设备服务

(1)ETC 车道入口费额显示器在交易时应提示司乘人员车牌号码、储值卡余额等信息。

(2)车辆通过高速公路门架时，宜采用无感方式(不做提示音等)进行交易。

(3)ETC 司乘人员车辆驶离高速公路时，正常通行时车道显示屏应即时显示本次行程的通行费用，实现“一次行程、一个账单、一次扣费、一次告知”的目标，达到“显示即扣费”的要求。

(4)当车辆以非 ETC 方式通行出口 ETC/MTC 混合车道时，费额显示信息应包含但不限于车牌、车型和收费金额。

2.3　术语定义

(1)ETC/MTC 混合车道：指全时混合车道，ETC 和 MTC 车辆均可在车道有序交替通行。

(2)ETC 门架系统：在高速公路沿线断面建设的，具备通行费分段计费、车牌图像识别等功能的专用系统及配套设施。

(3)分段计费：将高速公路全线划分为若干路段(一般为最小收费单元)，各路段内分别计算费额收费的制式，又称开放式收费制式。

(4)ETC 门架交易流水：ETC 门架系统对 OBU、ETC 卡和 CPC 卡完成计费所产生的记录。

(5)通行省份:司乘人员车辆在路网内单次行程所途经的联网省级行政区划。

(6)通行路段:司乘人员车辆在收费公路网内单次行程所通行的路段。

(7)通行有效性判断:对 OBU 有效期和拆卸状态、ETC 卡有效期、OBU 和 ETC 卡车牌号码一致性、状态名单信息等影响 ETC 使用的参数情况进行判断。

2.4 通行保障

(1)应保障 ETC 车道系统运行正常,定期对车道系统进行维护。

(2)ETC 车道应 7×24 小时不间断运行。

(3)当车辆在 ETC 车道无法通行时,车道系统应提示无法通行的原因,并及时通过人工干预的方式处理。

(4)具备条件的入/出口 ETC 车道应通过标识引导客货车辆分流,确保通行秩序和安全。

2.5 通行服务

收费站收到司乘人员咨询或投诉时,应做好司乘人员解释引导工作。

第3章　收费站收费业务

3.1　收费一般规定

(1)通行费收费按各省级人民政府批准的标准执行,对所有通行车辆分段计费。安装了ETC车载装置的车辆(简称ETC车辆)在出口收费站自动完成扣费;非ETC车辆在出口收费站停车交费。

(2)通行费应以车辆实际通行路段为依据计算。无法确定计费信息的,驾驶员应提供入口、通行路径等信息,收费公路经营管理单位核实后通过后台系统计算通行费;驾驶员拒绝提供相关信息或经核实信息不实的,按照收费公路相关条例执行。

(3)车辆通行费根据实际通行路径以省为单位累加计算。单省应收金额为途经ETC门架通行累加金额并按四舍五入取整到元。其中,MTC车辆按应收金额收取;ETC车辆在途经ETC门架通行费累加金额(尾数小于0.5元则舍去,其他不做处理)的基础上,按相关政策实施优惠并四舍五入精确到分。

(4)入口收费站应按相关要求对货车、专项作业车实施不停车称重检测,拒绝违法超限超载车辆进入高速公路。

(5)持ETC单卡司乘人员,ETC卡仅作为支付使用,不作为通行介质使用,入/出口均按非ETC车辆处理,不享受ETC优惠。

(6)ETC专用车道应确保ETC车辆不停车通行,ETC/MTC混合车道应支持ETC交易方式和其他交易方式。

(7)对于收费车辆的收费业务应收未收、长短款等情况,由收费方负责。对于免费车辆应免未免收取通行费的,由收费方负责处理。

(8)各省(区、市)通行费优惠应通过收费系统自动判断。需人工查验的,按照部统一规定处理。

(9)具备条件的入/出口ETC车道应通过标识引导客货车辆分流,确保通行秩序和安全。

3.2 收费业务要求

(1)各收费站应确保 ETC 车辆入口交易成功,如交易异常,应通过手持终端等设备辅助完成。

(2)入口车道应采取措施确保领用 CPC 卡的 ETC 车辆 OBU 和 ETC 卡内无入口信息。

(3)入口 ETC/MTC 混合车道应自动识别车辆号牌全牌照(汉字+字母+数字+颜色)信息。收费员应核对校正车辆号牌全牌照信息,录入车型,发放 CPC 卡。对临时车牌车辆,收费员应人工核对后手工输入车辆号牌全牌照和车型信息,发放 CPC 卡。

3.3 收费术语定义

(1)一类交易流水:在 ETC 卡正常插入 OBU 且 ETC 卡中有入口信息时产生,交易流水中包含交易验证码(TAC 码)。

(2)二类交易流水:在 ETC 卡未正常插入 OBU 但可正常读取 OBU 车辆信息文件中的车牌和车型信息、入口收费站信息和 ETC 卡信息时进行计费,交易流水中不包含交易验证码(TAC 码)。

(3)ETC 出口交易记录:出口车道完成对 ETC 卡的电子钱包复合消费交易,所产生的具有不可抵赖性的记录,作为后台记账和清分结算的凭证。

(4)全量交易:通行收费公路的全部交易,可分为单省交易和多省交易,或分为 ETC 交易和其他交易。

(5)ETC 交易:通过 ETC 账户或 ETC 卡支付通行费的交易,包括不停车和停车两种形式。

(6)其他交易:除 ETC 交易外的现金支付、移动支付等其他形式的交易。

(7)单省交易:单次收费交易仅包含一个联网省(区、市)的通行交易。

(8)多省交易:单次收费交易包含两个及两个以上联网省(区、市)的通行交易。

(9)收费方:收取司乘人员通行费的出口收费站所属的经营管理单位。

(10)可达最短路径:收费公路路网内两个收费站之间的若干条可达行驶路径中里程最短的路径。

(11)可达路径最小费额:收费公路路网内两个收费站之间若干条可达行

驶路径中收费金额最小的费额。

（12）车种：指普通车和特种车，特种车指应急车、军警车、鲜活农产品运输车辆等。

第 4 章　收费车辆处理流程

4.1　ETC 车辆处理流程

4.1.1　入口车道处理流程

(1)ETC 车辆驶入 ETC 专用车道或 ETC/MTC 混合车道,车道系统自动判断 ETC 车辆是否可以通过。判断通过的,正常放行。

①判断通过内容包括 OBU 未拆卸、OBU 和 ETC 卡在有效期内、OBU 和 ETC 卡车牌号码一致、OBU 和 ETC 卡不在状态名单、车牌不在追缴名单内、双片式 OBU 车辆的 ETC 卡正常插入、储值卡余额大于零。

②判断不通过的,车道系统进行拦截,现场按特情车辆等相关流程处理。

(2)如为货车或专项作业车,车道系统判断是否进行入口称重检测,判断已进行入口称重检测且准予通行的,允许驶入;判断未进行入口称重检测或检测未通过的自动拦截。

4.1.2　ETC 门架系统

ETC 门架系统根据 OBU 内信息对 ETC 车辆完成本段计费,并完成动态补点和费率计算,省界 ETC 门架系统应具备邻省代收费功能。ETC 门架系统对 ETC 卡进行零元卡面扣费处理,生成的门架交易流水实时上传至省中心和部联网中心。

4.1.3　出口车道处理流程

车辆驶入 ETC 专用车道或 ETC/MTC 混合车道,车道系统自动判断 ETC 车辆是否可以通过。

(1)判断通过的内容包含有入口信息、OBU 拆卸状态正常,OBU 和 ETC 卡在有效期内,OBU 和 ETC 卡车牌号码一致,OBU 和 ETC 卡不在状态名单,不在追缴名单内,双片式 OBU 车辆的 ETC 卡正常插入,储值卡余额是否充足,OBU 和 ETC 卡入口信息是否一致等。判断通过的,车道系统通过读取

OBU 和 ETC 卡内信息，对 ETC 卡进行扣费并在出口车道显示金额。

(2)判断不通过的，车道系统进行拦截，现场按特情车辆等相关流程处理。

4.2 非 ETC 车辆处理流程

4.2.1 入口车道处理流程

非 ETC 车辆或者已安装 ETC 设备但无法正常使用的车辆按以下流程处理：

(1)系统自动识别车牌号码、车牌颜色。

(2)收费员准确核实车牌、车型信息，将实际车牌(含颜色)、车型及入口信息等写入 CPC 卡内，货车还应写入轴数、车货总重信息，大件运输车应写入车种信息。

(3)收费员将 CPC 卡发给司乘人员，抬杆放行。

(4)如为货车、专项作业车，车道系统还应判断是否进行入口称重检测，判断已进行入口称重检测且准予通行的，发 CPC 卡放行；判断未进行入口称重检测或检测未通过的不允许驶入。

4.2.2 ETC 门架系统

ETC 门架系统根据 CPC 卡内信息，对持 CPC 卡车辆完成本段计费，向 CPC 卡内写入计费信息和路径信息等，根据 CPC 卡内写入的信息完成动态补点和费率计算，省界 ETC 门架系统应具备邻省代收费功能，形成门架交易流水实时上传至省中心和部联网中心。

4.2.3 出口车道处理流程

(1)收费员刷 CPC 卡，车道系统进行 CPC 卡有效性判断和计费信息是否异常判断。有效性判断通过的情况包括发行属地有效、有入口信息、入口站编码有效；计费信息判断通过的内容包括卡内各省省界路径信息和计费信息完整、计费金额不低于入/出口可达路径最小费额且不超过 1.5 倍及入口时间不超出当前时间 7 个自然日；CPC 卡有效性和计费信息判断不通过的，车道系统进行相应提示，收费员按特情车辆相关流程处理。

(2)收费员核对实际车牌、车型信息、车种信息与卡内车牌、车型、车种信息是否一致。

(3)CPC 卡内计费信息无异常且车牌、车型等信息核对一致的,收费员按 CPC 卡内金额收费,打印收费凭证,抬杆放行。核对不一致的或卡内计费信息异常的,按特情车辆相关流程处理。

(4)持 ETC 单卡支付的,应查验 ETC 卡内车牌是否与实际车牌一致,以及 ETC 卡的有效性。查验通过的,刷 ETC 卡支付放行;查验不通过或储值卡余额不足的,不应刷 ETC 卡支付,应采用其他形式支付通行费后放行,生成交易记录实时上传至省中心和部联网中心。

第 5 章　现金通行介质管理

5.1　CPC 卡管理

5.1.1　参与方工作

(1)省联网中心对全网 CPC 卡的入网、应用、核销等工作进行全生命周期管理,指导全网 CPC 卡调拨;监控和评价全网 CPC 卡使用情况;发现、处理运营中出现的异常情况。

(2)省中心负责组织省内 CPC 卡的采购、发行、调拨、核销等运营工作,监控和评价省内 CPC 卡使用情况,并配合部联网中心共同开展 CPC 卡管理,确保 CPC 卡使用满足本运营管理单位收费业务需要。

(3)收费公路经营管理单位按照相关政策标准、规范、细则开展 CPC 卡使用和管理工作,配合部联网中心、省中心 CPC 卡管理工作,确保收费业务正常运转。

5.1.2　一般规定

(1)全网的 CPC 卡运行业务应通过通行介质管理平台开展。

(2)各参与方应实时将入口站通行数据、出口站其他交易数据、ETC 门架计费扣费交易等信息上传部联网中心,确保 CPC 卡流转数据完整准确。

(3)全网 CPC 卡管理采取部联网中心、省中心、收费公路经营管理单位及收费站等多级管理模式,各级卡管理机构应配备相应的管理人员,负责 CPC 卡相关管理工作。

(4)无法读写或电量低于 8%的 CPC 卡应及时回收做坏卡处理,不得进行调拨或在车道发放。

(5)各运营管理单位应根据本区域通行量增长和新开通联网路段等情况追加 CPC 卡投放数量,保障路网正常运营。追加投放应遵循 CPC 卡入网管理流程。

(6)车道不得发放无入口信息或预先写入信息的 CPC 卡。

(7)各级卡管理机构均应以卡箱为单位进行 CPC 卡管理(车道应用除外),每个卡箱容量不宜超过 500 张且为整百数。

5.1.3 术语定义

(1)复合通行卡(CPC 卡):集 5.8 GHz 和 13.56 MHz 通信功能于一体,具备车辆入口信息、路径信息和计费信息等读写功能,在收费站入口车道发放给车辆、出口车道收回的可重复使用的通行介质。

(2)纸质通行券:重大节假日小型客车免费通行过渡期间、出现收费站所有入口车道瘫痪等紧急情况,发放给车辆通行收费公路时用于记录车辆通行信息的凭证。

(3)通行介质核销:对通行介质进行核实注销,使其无法在路网使用。

(4)管理基数:以各省首批采购入库 CPC 卡数量为初始管理基数,并根据运行过程中补充采购、卡丢失、卡损坏等进行增减。管理基数是 CPC 卡跨省调拨的一个重要依据。

(5)卡箱:用于储存和运输 CPC 卡的容器。

(6)静态库存:每个自然日结束时各级卡管理机构的 CPC 卡结存数量。

(7)动态库存:当前时间各级卡管理机构的 CPC 卡数量。动态库存以前一日静态库存为基数,根据发放、回收和调拨等数据进行增减。

(8)库存盘点:各级卡管理机构对仓库内的 CPC 卡进行清点并核对,核对不符的应进行盘盈盘亏登记。

(9)CPC 卡丢失:司乘人员在出口收费站停车交费时未能交还 CPC 卡造成的 CPC 卡数量减少。

(10)CPC 卡流失:在日常运营中除 CPC 卡丢失外的其他原因造成 CPC 卡数量减少,主要包括系统中有入口但无出口流水确认等卡流失情况。

(11)装箱:将散卡进行逐张刷卡装箱。

(12)拆箱:将已装箱的卡进行拆散,变更为散卡管理。

(13)合箱:将若干个未满箱内的 CPC 卡合到一个箱中。

(14)分拆箱:将一个整箱分成若干个小箱。

(15)倒箱:将指定的箱内卡全部迁移至另一指定箱中。

(16)长卡:收费员实际收到的 CPC 卡数多于原始收费数据的统计结果所产生的 CPC 卡数量差额。

(17)短卡:收费员实际收到的 CPC 卡数少于原始收费数据的统计结果所产生的 CPC 卡数量差额。

(18)坏卡:指无法读写、卡表面外观严重破损的CPC卡。

5.1.4 基础信息管理

(1)各运管中心负责本单位基础信息管理,按联网中心要求进行报备,并做好通行介质管理平台基础信息维护。为确保调拨工作顺利开展,各运管中心应确保通行介质管理平台中卡管理机构基础信息完整准确。

(2)联网中心负责建立各管理单位通行介质管理平台用户账号,各运管中心负责建立本单位各级卡管理机构通行介质管理平台用户账号和组织机构。

5.1.5 入网管理

入网管理工作包括CPC卡采购管理、发行管理和入库管理等。省中心在CPC卡流通使用前应做好入网管理工作。

5.1.6 采购管理

5.1.6.1 工作要求

(1)联网中心定期核定应补充的CPC卡数量,包括丢失卡和流失卡等。

(2)各运管中心应委托具备资质的第三方检测机构对采购的CPC卡进行入网检测,入网检测应包括规范符合性、协议符合性、功能符合性、设备兼容性、环境适应性、实际系统综合测试及其他功能和性能测试等。

(3)各参与方应对CPC卡运行使用情况进行监测评价,对不达标的供应商应及时督促其整改。

5.1.6.2 基本流程

(1)管理处组织CPC卡采购工作。

(2)CPC卡生产供货前,省中心通过通行介质管理平台向部联网中心提出CPC卡号段申请。

(3)联网中心分配CPC卡号段和对应的箱号。

(4)管理处根据分配的CPC卡号段组织供应商生产供货。

(5)到货后,采购方核对到货清单,确保与联网中心分配清单一致,检查卡号是否对应箱号,并组织到货抽检,抽检数量应不低于采购量的1‰。

采购管理流程见图5-1。

5.1.6.3 注意事项

管理处应要求供应商严格按照部联网中心分配的卡号段及对应箱号进行

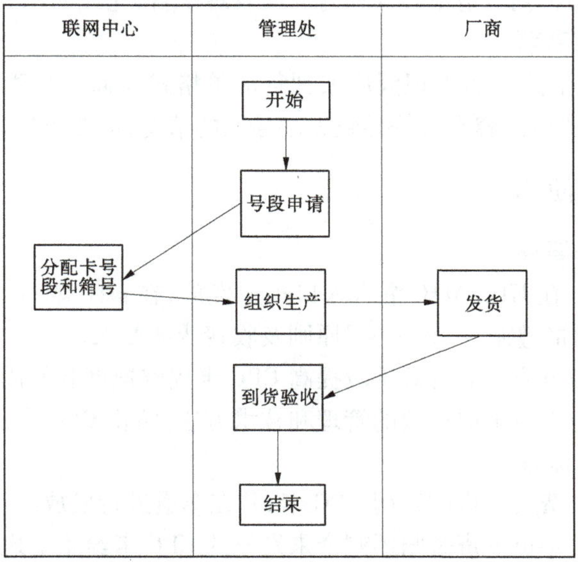

图 5-1 采购管理流程

CPC 卡装箱,并在箱表面清晰标注箱号及箱内卡号段。

5.1.7 发行管理

5.1.7.1 工作要求

(1)管理处负责组织 CPC 卡发行工作。

(2)发行时应确保 CPC 卡的表面序号和卡内逻辑序号一致、发行文件正确。

(3)运管中心应加强人员管理、网络管理,确保密钥安全。

5.1.7.2 注意事项

应遵循逐箱发行原则,将发行完毕的 CPC 卡放回原箱进行封箱。

5.1.8 入库管理

5.1.8.1 工作要求

CPC 卡投入使用前应在通行介质管理平台进行批量入库。

5.1.8.2 基本流程

(1)省中心组织检查厂家到货清单格式是否正确。

（2）省中心将到货清单导入通行介质管理平台，完成入库。

5.1.8.3 注意事项

检查到货清单时，若发现因厂家到货清单格式与通行介质管理平台提供的样表不符或清单内容有误等导致无法导入的情况，应要求厂家进行调整。

5.1.9 车道使用

5.1.9.1 工作要求

（1）CPC 卡在 ETC/MTC 混合入口车道发放，在 ETC/MTC 混合出口车道回收，发放时严格遵循“一车一卡”原则及收费业务要求。

（2）各参与方应采取有效手段提高 CPC 卡周转速度和使用效率。

（3）各参与方应采取有效的管理和技术方法，防止 CPC 卡流失。

5.1.9.2 基本流程

（1）入口收费员上班前领用 CPC 卡，并在车道进行发放。

（2）入口收费员下班时归还剩余未发放的 CPC 卡给本班班长。

（3）出口收费员下班时将回收的坏卡、长卡、电量不足卡归还至本班班长，由本班班长上交至收费站级卡管人员。

（4）收费工班交接时，本班结存的可正常使用的 CPC 卡应转交给下班次，并做好交接记录。

5.1.9.3 注意事项

（1）收费站遇无卡、闯关车时应核查车辆是否领取 CPC 卡，进行特情处理并详细登记。

（2）收费站遇坏卡、丢卡赔付时，进行特情处理并在通行介质管理平台详细登记。

5.1.10 调拨管理

调拨管理包括省内调拨、跨单位调拨、收费站内调拨。

5.1.10.1 工作要求

（1）联网中心负责跨省间 CPC 卡调拨，管理处负责路段间、分中心库间 CPC 卡调拨，各运管中心负责所辖收费站间 CPC 卡调拨，收费站负责站内卡仓和车道卡仓的管理。

（2）CPC 卡调拨时应综合考虑调拨安全、距离、数量、时间等因素，按照“高效低耗”原则开展，其中跨省调拨应以各省管理基数为参考。

（3）CPC 卡调拨可由需求方申请，也可由上级 CPC 卡管理机构根据所辖管理范围内 CPC 卡使用情况发起。

(4)各省 CPC 卡保有量应保持在管理基数合理偏差区间[管理基数40万(含)以上按±5万为区间,40万以下按管理基数的10%计算],联网中心负责监测各单位保有量,当各单位保有量超过或低于合理区间时,联网中心可发起调拨指令。

(5)管理处负责监测各运管中心 CPC 卡保有量,设定保有量合理偏差区间,偏离合理区间的应及时发起调拨指令。

(6)CPC 卡调拨应精确到卡,保证卡明细与实物卡一一对应,并通过通行介质管理平台进行调拨操作,确保库存数据真实准确。

(7)跨单位调拨原则上应在邻近之间进行。

(8)各级 CPC 卡管理机构应在日常做好清点装箱工作,在调出时按箱调出,跨省调拨应以500张/箱为单位开展。

(9)跨单位调拨调出方应在部联网中心指令发出后24小时内响应,并指定调出仓库。

(10)跨单位调拨指令发出后24小时内,双方完成联系沟通,落实调拨工作事宜。

(11)跨单位调拨接收方应及时到达调出方仓库,进行实物卡交接,调拨指令发布后2个自然日内完成出库交接。

(12)调入单位接收 CPC 卡后,管理处、运管中心、收费站应核对数量后入库。

(13)各单位需细化和完善省内调拨管理要求。

5.1.10.2　省内调拨业务流程

(1)省内调拨可在收费公路经营管理单位间、收费站间进行。

(2)缺卡机构可以向上级卡管理机构提出调入申请。

(3)上级卡管理机构审核后,在本机构管理范围内 CPC 卡保有量充足的情况下,可向多卡机构下发调令;在本机构管理范围内 CPC 卡保有量不足的情况下,需向上级卡管理机构提交调入申请。

(4)调拨双方确认调拨指令后,双方进行实物交接。

省中心向收费公路经营管理单位调拨流程见图5-2。

5.1.10.3　跨单位调拨业务流程

收费公路经营管理单位间调拨流程见图5-3。

收费公路经营管理单位向收费站调拨流程见图5-4。

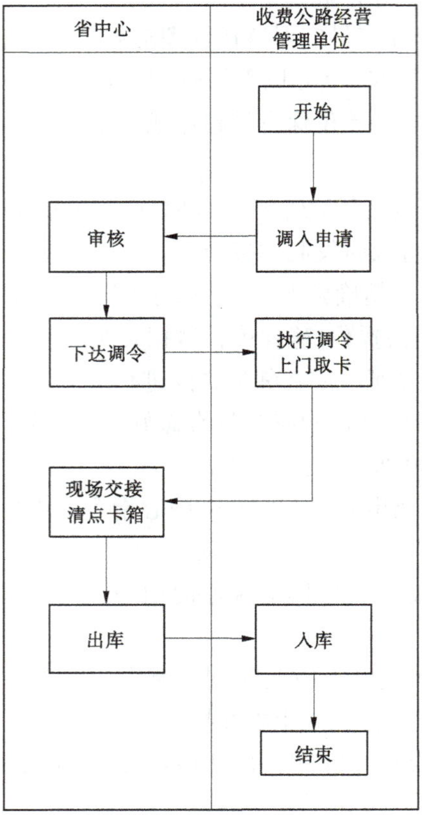

图 5-2　省中心向收费公路经营管理单位调拨流程

5.1.10.4　**收费站内调拨**

(1)从收费站库房仓领用 CPC 卡应按箱领用,在车道内使用。

(2)满足车道正常使用以外的剩余卡,应及时归还收费站库房仓,归还至收费库房仓时应清点封箱后按箱入库。

收费站间调拨流程见图 5-5。

5.1.10.5　**注意事项**

(1)CPC 卡调出、调入双方交接时,应现场核对调拨数量、箱号等。

(2)调拨过程中注意轻拿轻放,避免损坏;运输 CPC 卡时要做好防水措施;调出的 CPC 卡应避免误写入信息。

(3)调入方应逐张清点入库。

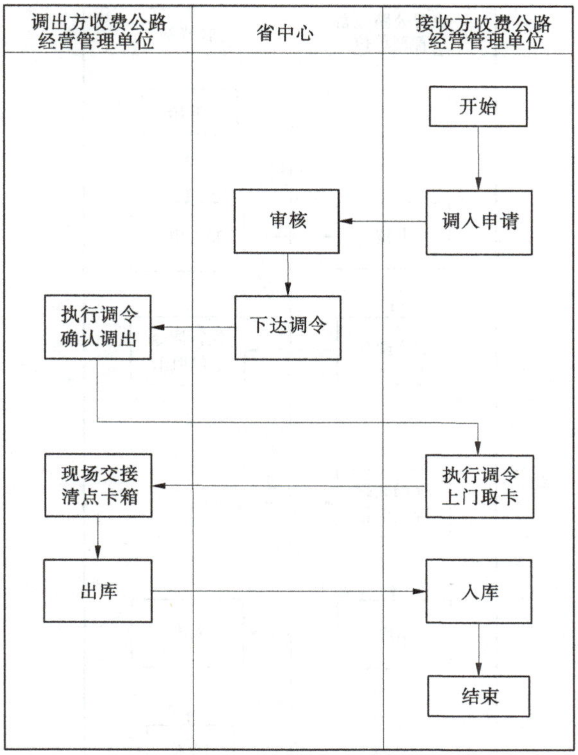

图 5-3 收费公路经营管理单位间调拨流程

5.1.11 库存管理

5.1.11.1 工作要求

(1)各省应在省界附近设立 CPC 卡仓库,便于开展跨省调拨;其他各级 CPC 卡管理机构按管理需要设置仓库。

(2)联网中心应对各省 CPC 卡库存保有量和变化趋势进行监控。

(3)联网中心定期发布长期不流通 CPC 卡(2 个月)的信息,各参与方应根据信息及时将该批次卡投入使用。

(4)应对本单位的 CPC 卡库存保有量和变化趋势进行监控。

(5)管理处应确保车道时钟同步,避免月盘点进行装箱、封箱等操作时出现失败情况。

(6)各运管中心应组织好收费站 CPC 卡库存盘点、整理工作,确保库存数据准确。同时,应对所辖收费站 CPC 卡库存保有量和变化趋势进行监控。

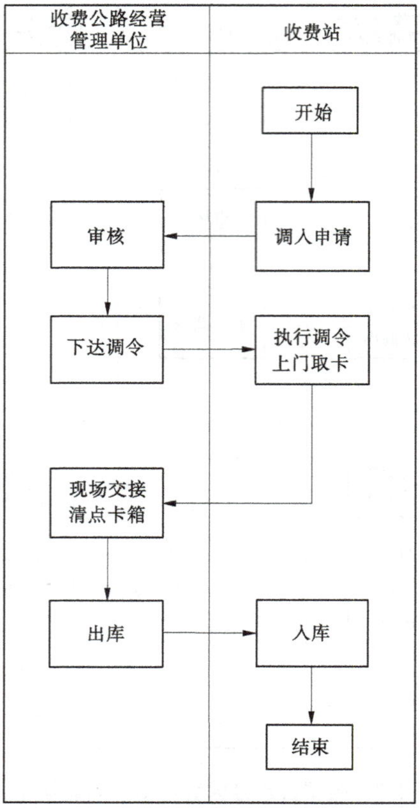

图 5-4　收费公路经营管理单位向收费站调拨流程

5.1.11.2　工作内容

1. 卡片入库

卡片入库发生于 CPC 卡发行、调入、盘盈、追回、出口、回收等库存增加的业务。

2. 仓库整理

各级卡管理机构可对仓库内的 CPC 卡进行装箱、拆箱、合箱、分拆箱、倒箱操作。

3. 库存盘点

日盘点：各收费站每个自然日 12 点前对前一自然日的库存数量进行清点并在通行介质管理平台上进行登记，形成日盘点结果。

月盘点：各收费站每月最后一周第一个工作日完成 CPC 卡的月盘点。

月盘点应对收费站仓库内所有 CPC 卡进行逐张读卡清点，并对散卡进行

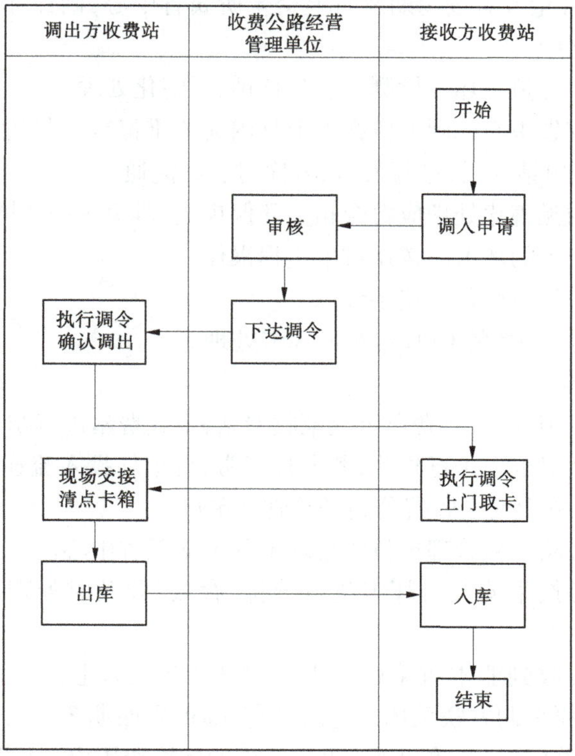

图 5-5　收费站间调拨流程

装箱。当月封箱的 CPC 卡可不进行拆箱清点。

4. *卡片出库*

卡片出库发生于 CPC 卡调出、坏卡送修、核销、盘亏、入口发放等库存减少的业务。

5.1.11.3　注意事项

（1）各级卡管理机构应提供适宜卡片存储的良好环境。

（2）月盘点清点、装箱时避免同一张 CPC 卡重复清点。

5.1.12　异常卡处理

异常卡处理包括坏卡处理、丢卡处理、赔付处理。

5.1.12.1　坏卡处理

1. *工作要求*

（1）联网中心应建立本省坏卡上交机制，收费公路经营管理单位所收集的坏卡应按累计量或者按周期及时上交至所属省中心,确保坏卡在质保期内及时维修或置换。

(2)联网中心负责坏卡检测、送修、核销、无害化处理。

(3)采购方省中心原则上应在1个月内完成维修或等量置换质保期内的坏卡,并为新卡申请号段,进行发行、入库、投入、流通。

(4)坏卡的无害化处理应符合相关环保规定,避免污染环境。

(5)人为产生的坏卡应按赔付卡流程操作。

(6)坏卡交接应履行交接手续。

(7)电量低于8%的CPC卡视同坏卡处理。

2. 基本流程

(1)车道发现坏卡,收费员上交至收费站,由收费站进行初步检测。

(2)收费站对卡片进行检测,若卡片正常,可重新投入流通。若确认为坏卡,将坏卡登记并上交至收费公路经营管理单位。

(3)收费公路经营管理单位收集坏卡并上交至省中心。

(4)省中心按采购方对坏卡进行分拣、存放,并及时处理由本省采购的坏卡。

(5)省中心收到非本省采购坏卡超过3 000张以上,或每季度(未超过3 000张)应与原采购方联系坏卡送修事宜,临近质保期3个月内的坏卡应及时与原采购方联系坏卡送修事宜,由此产生的运输费用由原采购方负责。

(6)采购方省中心应及时处理系统登记的本省发行坏卡信息,并负责开展坏卡维修或补充采购工作。

坏卡处理流程见图5-6。

5.1.12.2 丢卡处理

丢卡是指丢失卡和流失卡,丢卡处理包括丢卡定责和丢卡追回处理。

1. 丢卡定责工作要求

(1)联网中心每月进行丢卡情况分析、认定责任并核减管理基数,督促责任及时补充采购相应的丢卡数量。无法定责的丢卡,按各单位入口通行量在路网入口通行量的占比进行分摊并补充采购。

(2)省联网中心应在争议期(5个自然日内,遇法定节假日顺延)内及时提交无责证据,逾期未提交或证据不足的,则被认定为丢卡责任方。

(3)举证资料可包含通行记录、交易记录、高清车辆照片等,举证提供资料要求清晰、真实、有效。

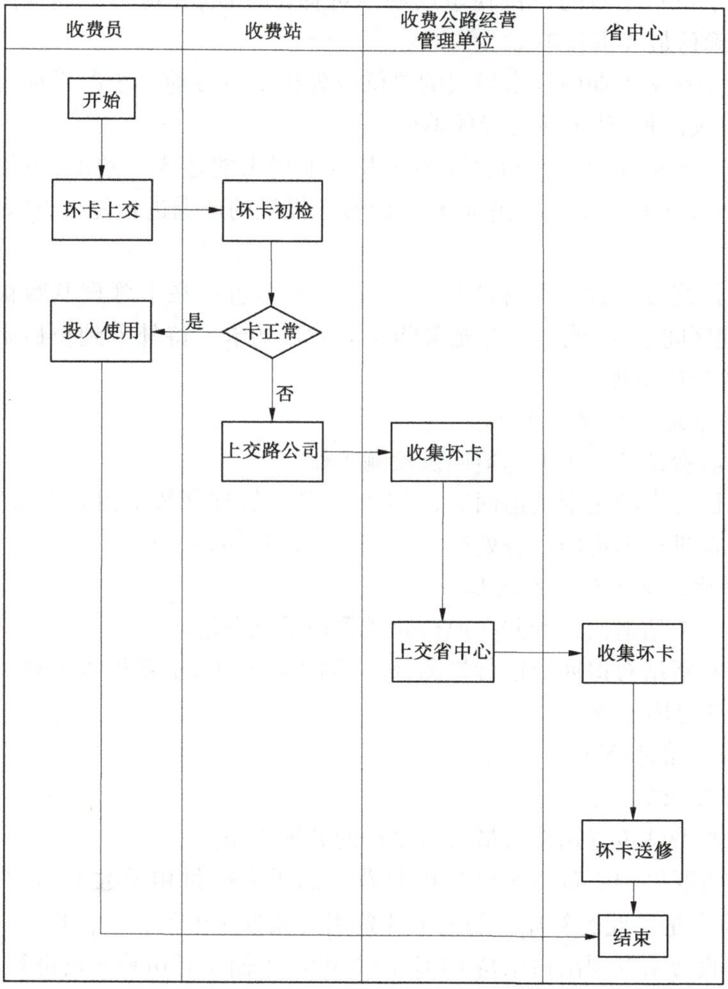

图 5-6　坏卡处理流程

2. 丢卡定责基本流程

(1)联网中心经过数据分析,发布丢卡责任单位和相关资料。CPC 卡有入口信息但 1 个月内无出口信息,以该卡最后交易门架所属单位判定责任单位,若最后门架交易为省界出省门架,则以该省界出省门架临省来判定责任省。

(2)被定责单位可在责任发布后的争议期内提出异议,并上传车辆出省交易记录等相关证据资料,在通行介质管理平台提交争议选择流转省处理。

(3)后续被定责的单位在争议期内可提出异议，并提交车辆驶离本省证据，直到确认最终责任单位。

(4)未在争议期内提出异议的单位视为接受对方前一步的举证意见并自动结束争议流程，认定最终责任单位。

(5)如定责在两个省间交互两轮及以上仍未能达成一致的，可提交至部联网中心进行审核，部联网中心根据流转省提供的证据进行复核，认定丢卡责任省。

(6)最终责任省的卡管理基数将被扣减，各省应在卡管理基数被扣减至低于合理区间值前，或每年补充采购相应数量的卡。待补卡到位后责任省卡管理基数相应增加。

3. 丢卡追回处理工作要求

(1)收费站负责丢卡的追回及检测工作。

(2)已定责的丢卡被追回后，原丢失责任省管理基数将相应增加。

(3)在进行卡追回业务处理时，应登记追回卡的卡号。

4. 丢卡追回处理基本流程

(1)收费站追回丢卡并在通行介质管理系统登记。

(2)收费站对追回卡进行检测，经检测为正常卡，重新投入流通。经检测为坏卡，进行坏卡登记。

5.1.12.3 赔付处理

工作要求如下：

(1)收费站负责司乘人员丢卡赔偿的处理工作。

(2)省联网中心负责统计省内收费站的丢卡赔付相关数据，并及时补充采购相应卡量。此类补充采购的卡片费用分摊方法由各省自行规定。

(3)收费站发现出口未持 CPC 卡的 MTC 车辆应对司乘人员进行询问，如司乘人员无法归还 CPC 卡，需要进行责任认定，属司乘人员原因的，要求司乘人员赔偿 CPC 卡工本费，并做好详细登记。

(4)如发现收费员短卡，应做好登记，按本站流失卡处理。

5.1.13 核销管理

工作要求如下：

(1)CPC 卡核销原则上由原采购方负责；经原采购方授权后，非原采购方可对 CPC 卡进行核销。

(2)对无法维修或置换的坏卡应立即予以核销。核销工作应由采购方从相关参与方获得相应坏卡的实物卡并确认后，在通行介质管理系统中做核销处理，并将实物卡予以销毁。

（3）核销后该省联网中心 CPC 卡管理基数随之核减。

5.2 纸质通行券管理

5.2.1 一般规定

（1）应做好本区域内纸质通行券管理工作，确保纸质通行券满足收费业务需要。

（2）纸质通行券由各省中心组织印制，纸质通行券版面应由部联网中心统一设计。

（3）纸质通行券按"一车一券"原则发放。

5.2.2 应用管理

（1）纸质通行券用于重大节假日小型客车免费通行过渡期间、出现收费站所有入口车道瘫痪等紧急情况。各运营管理单位应通过使用便携设备等方式，最大限度地减少纸质通行券使用。

（2）纸质通行券使用前应经省中心同意，省中心应同步通过通行介质管理平台向部联网中心报备启用和停用情况，部联网中心告知相关参与方。

（3）入口发放时，应加盖日期章，填写车型、车牌号码等内容，并做好特情记录。

（4）省中心需在使用纸质通行券后一周内，形成事件报告（模板详见本书附录 1）向部联网中心报备。

5.3 业务评价指标

5.3.1 CPC 卡坏卡率

定义：一个统计周期内，无法使用的 CPC 卡数量占比。

$$坏卡率=\frac{无法使用的\ \text{CPC}\ 卡数量}{采购方采购的\ \text{CPC}\ 卡总量}\times 100\%$$

5.3.2 全网 CPC 卡流失率

定义:一个统计周期内全网 CPC 卡流失数量占全网 CPC 卡总量比率。

$$流失率=\frac{全网流失\ CPC\ 卡数量}{全网\ CPC\ 卡总量}\times 100\%$$

5.3.3 省(区、市)CPC 卡流失率

定义:一个统计周期内省(区、市)CPC 卡流失数量占该省(区、市)出口 CPC 卡交易量的比率。

$$流失率=\frac{省(区、市)流失\ CPC\ 卡数量}{该省(区、市)出口\ CPC\ 卡交易量}\times 100\%$$

5.3.4 CPC 卡调出及时率

定义:一个统计周期内,调出方规定时间内完成调出 CPC 卡的次数占规定时间内应调出 CPC 卡的比率。

$$CPC\ 卡调出及时率=\frac{规定时间内完成调出卡的次数}{规定时间内应调出卡的次数}\times 100\%$$

5.3.5 CPC 卡补充率

定义:一个统计周期内,省中心按规定补充投入 CPC 卡数量占应补充投入的 CPC 卡数量的比率。

$$CPC\ 卡补充率=\frac{已补充的\ CPC\ 卡数量}{按规定要求应补充的\ CPC\ 卡数量}\times 100\%$$

5.3.6 纸质通行券发放数

定义:除重大节假日小型客车免费通行过渡期间外,省中心使用的纸质通行券的数量。

纸质通行券发放数=统计周期内收费站发放纸质通行券数量合计

第 6 章　收费特情处理

6.1　一般原则

(1)当 ETC 车辆在专用车道无法正常通行时,应及时通过人工干预的方式处理。

(2)出口车道应具备全网入口收费站编码信息输入和查询、入口时间输入、入口信息选择确认功能,为特情处理时获取通行费计费信息提供支撑。

(3)进行收费特情处理时,对于安装了车载终端设备且入口信息有效的 ETC 车辆,按享受 ETC 优惠处理;对于安装了车载终端设备且入口信息无效的 ETC 车辆,按不享受 ETC 优惠处理。

(4)进行收费特情处理时,车道系统应先请求在线计费服务获取通行费,单省交易应请求省级在线计费服务,多省交易应请求部级在线计费服务,如请求失败经站级管理人员授权后,可采用兜底计费方式返回通行费信息。省级计费服务请求失败后的兜底计费方式由各省自行确定,部级计费服务请求失败后的兜底计费方式为入/出口可达路径最小费额。

(5)在线计费服务支持按照各省 ETC 优惠政策(含差异化优惠)返回计费金额;兜底计费方式应支持无优惠计费及 ETC 基本优惠计费。

(6)收费站使用兜底计费方式收费需向省厅报备,报备方式由各省自行确定。省中心应对本省兜底计费方式使用情况进行统计分析,并及时对系统进行优化升级,且应定期向部联网中心报送省内兜底计费方式使用情况,包括涉及的跨省交易次数和单省交易次数等内容。

(7)对于同一辆车 ETC 已成功交易扣款、未抬杆放行转人工处理的,系统提示 ETC 卡已成功扣费的应予以放行,不得再次刷 ETC 卡重复扣费或通过现金及移动支付等其他方式重复收取通行费。

6.2 ETC 车辆特情处理

6.2.1 入口车道

(1)车道系统对 ETC 车辆通行有效性不通过、储值卡余额为零元、ETC 入口信息写入失败车辆,车道进行拦截并提示车辆转人工处理,收费员按照 CPC 卡发放流程处理。

(2)车道系统判断双片式 OBU 卡片是否正常插入,判断为标签无卡的,收费员告知司乘人员插卡重新交易或刷卡进行交易,交易成功的抬杆放行;交易失败的,收费员按照 CPC 卡发放流程处理。

(3)车道系统对 ETC 车辆进行追缴名单判断,判断不通过的,车道拦截并提示追缴名单信息,转人工并按稽核业务相关要求处理。

(4)发现 ETC 车辆(牵引拖挂车除外)OBU 内车型信息与实际不符时,经人工确认相关车辆符合合法装载的,确保 OBU 和卡无入口信息的前提下,收费员可按实际车牌/车型发放 CPC 卡处理。

6.2.2 ETC 门架系统

(1)ETC 门架系统对于 OBU 拆卸、无入口信息或入口信息异常、OBU 和 ETC 卡内入口信息不一致、入口时间超时(超过当前时间 7 个自然日)、OBU 和 ETC 卡卡号信息不一致的车辆均不进行计费,不生成门架交易流水,读取车辆信息形成通行记录,上传至收费公路经营管理单位、省中心和部联网中心。

(2)ETC 门架系统对 OBU 和 ETC 卡车牌号码不一致的车辆,按照 OBU 内信息进行计费,记录特情,生成门架交易流水上传至收费公路经营管理单位、省中心和部联网中心。

6.2.3 出口车道

6.2.3.1 累计计费金额明显异常

OBU 累计计费金额明显小于入/出口可达路径最小费额(ETC 优惠后)的,车道系统按最小费额自动扣费(ETC 优惠后)后放行,车道系统记录特情;OBU 累计计费金额明显大于入/出口可达路径最小费额(ETC 优惠后)2 倍的(参考值),ETC 车道自动拦截,收费员以出口车牌、车型(轴数)发起在线计费请求，根据返回的计费信息进行收费，车道系统记录特情。各省（区、市）在判断 OBU 累计金额是否异常时应充分考虑本省（区、市）差异化收费政策等实际运营情况，并通过数据分析不断提高阈值设置的合理性，避免造成大量车道特情影响通行效率，以及由此引起司乘人员的投诉。

6.2.3.2 OBU 拆卸车辆

车道系统判断 OBU 拆卸状态异常的，收费员输入车牌、入口时间（如司乘人员可提供）发起入口信息查询，与司乘人员核实入口信息和通行介质后请求计费服务。返回结果为入口已领取 CPC 卡的，按不享受 ETC 优惠处理；按此入口信息请求计费服务，按系统返回的金额进行收费，如司乘人员无法出示 CPC 卡则按丢卡处理，如标签有入口信息应清除入口信息；返回结果为入口未领取 CPC 卡，实际车牌与卡签内车牌一致且有入口信息的，按享受 ETC 优惠处理；按此入口信息请求计费服务，按系统返回的金额进行收费；其他情况按不享受 ETC 优惠处理；返回无入口信息的，不享受 ETC 优惠，根据司机提供的入口信息请求计费服务，按返回的金额收取通行费后放行。

6.2.3.3 OBU/ETC 卡损坏和无入口信息

ETC 车辆出现 OBU 损坏或 ETC 卡损坏的，收费员输入车牌、入口时间（如司乘人员可提供）发起入口信息查询，与司乘人员核实入口信息和通行介质后请求计费服务。返回结果为有入口信息且确认为 ETC 车辆的，享受 ETC 优惠，按此入口信息及车辆实际车型（轴数）请求在线计费服务，按系统返回的金额进行收费，抬杆放行；返回结果为有入口信息并确认该车辆已领取 CPC 卡但司乘人员无法出示 CPC 卡的，按非 ETC 车辆处理，按此入口信息及车辆实际车型（轴数）请求在线计费服务，收取 CPC 卡工本费和通行费后抬杆放行；返回结果为无入口信息的，不享受 ETC 优惠，根据司机提供的入口信息、入口时间及车辆实际车型（轴数）请求计费服务，按返回的金额收取通行费后抬杆放行。

6.2.3.4 OBU 和 ETC 卡内车牌信息不一致

OBU 或 ETC 卡超过有效期、OBU 或 ETC 卡在状态名单、储值卡余额不足、ETC 卡复合交易失败车辆，车道自动拦截，提示转人工处理。如 OBU 内累计实收金额（优惠后）无异常（不小于最小费额且不是异常大额），按 OBU 内累计实收金额收取通行费并生成交易流水，因收取现金造成长短款由出口收费站承担；如 OBU 内累计实收金额异常，收费员以出口车牌、车型（轴数）发起在线计费请求，根据返回的计费信息进行收费。

6.2.3.5 追缴名单

车道系统对ETC车辆进行追缴名单判断，判断不通过的，车道拦截并提示追缴名单信息，转人工，收费员正常收取本次通行费用，并按稽核业务要求处理追缴名单相关业务。

6.2.3.6 双片式OBU未插卡

车道系统判断双片式OBU卡片是否正常插入，判断为标签无卡的，收费员告知司乘人员插卡重新交易或刷卡进行交易，交易成功的抬杆放行，交易失败的，转人工处理。以通行介质信息、车辆实际车牌、车型（轴数）调用计费服务获取通行费。

6.3 非ETC车辆特情处理

6.3.1 入口车道

6.3.1.1 追缴名单

车道系统对车辆进行追缴名单判断，判断不通过的，车道拦截并提示追缴名单信息，收费员按稽核业务相关要求处理。

6.3.1.2 无效CPC卡

车道系统自动识别CPC卡是否可读或有效，若不可读、发行属地无效或电量低于8%，收费员更换正常CPC卡并正确写入车牌、车型、轴数等信息，将CPC卡发给司乘人员，抬杆放行。

6.3.1.3 入口称重检测系统与车道系统数据同步异常或轴数与实际不符

当入口称重检测系统与车道系统数据同步异常，车道系统无法获取入口称重系统推送的车型、轴数、车货总重、车种（如有名单）、是否准许通行等信息时，或者称重检测系统推送的轴数信息与实际不符时，经人工确认相关车辆符合合法装载的，收费员通过车道系统向CPC卡内写入正确的车牌（含颜色）、车型、轴数、车货总重及大件运输车辆信息。

6.3.2 ETC门架系统

（1）ETC门架系统对于CPC卡内无入口信息，入口时间超时（超过当前时间7个自然日）车辆不进行计费，不生成门架交易流水，读取车辆信息形成通行记录，上传至收费公路经营管理单位、省中心和部联网中心。

（2）ETC门架系统对于持CPC卡的ETC车辆，在CPC卡先产生交易的情况下，应通过 OBU 内入口信息、入口交易时间等判断是否为针对同一辆车的重复交易，如判断为重复交易，ETC 门架系统应对 OBU 本次行程不做计费处理。

6.3.3 出口车道

6.3.3.1 非 ETC 车辆收费调整

非 ETC 车辆完成收费后，现场需要补收或退还本次收费差额的，收费员经授权进行交易冲正操作，回收收费凭证并重新开具。

6.3.3.2 CPC 卡通行异常

车牌不一致、车型不一致、无入口信息、入口时间超时、无效入口站编码、CPC 卡发行属地无效、丢卡、损坏卡、锁卡(外部认证子密钥 UK1 锁定)。当 CPC 卡内车牌、车型与实际车牌、车型不一致，卡内无入口信息、入口时间超时(卡内入口时间超过当前交易时间 7 个自然日)、入口站编码无效、卡号所属省份非联网省份、丢卡、损坏卡或系统提示锁卡时，按以下流程处理：

(1)收费员按无通行介质，根据实际车牌、入口日期(如有)在车道系统发起入口信息查询，与司乘人员核实入口信息后请求在线计费服务，根据获取的计费信息进行收费。

(2)如系统返回无入口信息，根据司乘人员提供的入口收费站、入口日期等信息请求计费服务，按返回的金额收费放行。

(3)丢失卡或确定为人为损坏卡的，收取 CPC 卡工本费。

6.3.3.3 CPC 卡内计费信息异常

CPC 卡内计费信息异常包括：卡内计费金额小于全网出入口可达路径最小费额或大于最小费额的 1.5 倍；卡内通行各省的最后一个门架非省界门架或省界门架路径拟合标识异常。

(1)收费员根据卡内入口信息、实际车牌、车型，在车道系统发起计费请求，根据获取的计费信息进行收费；如经核实计费金额因差异化收费等原因确实小于可达路径最小费额的或因环线路径或大件运输车等原因确实大于全网入/出口可达路径最小费额 1.5 倍的，则按实收取。

(2)如无法从后台系统获取计费信息，根据卡内入口信息，经授权使用兜底计费方式收费。

6.3.4 纸质通行券

(1)如实际车牌、车型与纸质通行券上的车牌、车型一致，收费员按照纸质通行券上的入口信息、车牌和车型等信息发起计费请求，根据获取的计费信息进行收费；如无法通过在线计费服务获取计费信息，根据实际出入口信息，经授权按兜底计费方式进行收费。

(2)如实际车牌或车型与纸质通行券上的车牌或车型不符，收费员以出口实际车牌、车型信息查询入口信息后，发起计费请求，根据获取到的计费信息进行收费。若系统返回无入口信息，根据司乘人员提供的入口、通行路径等信息请求计费服务，按返回的金额收费放行；若计费服务无法返回计费信息，根据司乘人员提供的入口信息，经授权按兜底计费方式进行收费。

6.3.5 特种车辆处理流程

特种车辆所指车辆为货车列车、半挂汽车列车车辆和大件运输车辆，包括普通牵引拖挂车（车辆用户类型 0x1B）、道路运输证经营范围仅有“货物专用运输（集装箱）的牵引车”（车辆用户类型 0x18），以及道路运输证经营范围除“货物专用运输（集装箱）”外，还有“普通货运”等其他项目的牵引车（车辆用户类型 0x1C）。

(1)入口操作：非 ETC 车辆按 ETC/MTC 混合车道流程处理，ETC 车辆按以下流程处理。

①车道系统判断是否进行入口称重检测，判断已进行入口称重检测且准予通行的，允许驶入；判断未进行入口称重检测或检测未通过的自动拦截。

②车道系统将 OBU 内发行车型信息、入口称重系统检测的轴数、车货总重、车种（大件运输车）信息写入 OBU 和 ETC 卡入/出口信息文件，抬杆放行。

(2)ETC 门架：根据 OBU 入/出口信息文件内的轴数信息计费。如 OBU 内轴数信息为默认值（0xFF），ETC 门架系统则依据 OBU 内发行车型信息计费。

(3)出口操作：按 ETC 车辆收费流程操作。

第 7 章　绿色通道预约通行服务

7.1　一般规定

（1）运输鲜活农产品车辆（货车）（绿通车辆）、运输跨区作业联合收割机（插秧机）车辆（货车）（简称收割机运输车辆），安装 ETC 车载装置并可正常使用且经出口查验合格的免收通行费（未安装 ETC 车载装置的，按相关规定或文件执行）。

（2）司乘人员应于车辆驶入高速公路前 2 小时通过全国统一的高速公路绿色通道预约通行服务平台（简称预约平台）进行网络预约。

（3）用户完成预约后，预约平台生成出口省全量预约通行名单的 Zip 格式压缩文件，出口省中心实时下载并下发至出口收费车道。预约车辆在出口车道完成查验并上传查验结果到预约平台后，或从预计驶入高速时间起 7 个自然日内无查验结果的，预约平台将预约信息从出口省预约全量名单中撤销。

（4）查验合格但发生扣费的，按相关流程办理全程退费。

（5）查验结果不符合免费政策、车辆在出口未申请查验驶离、拒不配合接受查验的，不能享受“绿色通道”免费政策，正常收取车辆通行费。

（6）应在出口收费站合理布设查验点。

（7）应在出口收费站通过设立标志标识等措施，引导车辆到指定车道或地点接受查验。

（8）出口收费站应具备向查验系统输出当次通行车辆的通行交易信息功能，包含车牌号（含颜色）、入/出口站编码、入口称重、出口称重（如有）、通行介质、出口交易编号、PassID、出口交易时间、交易支付类型、总交易金额、应收金额、车辆状态标识等，确保当次通行交易信息能够与查验结果准确关联。

（9）预约名单车辆在出口收费站接受查验时，查验人员应扫描司乘人员预约二维码，将查验结果与预约信息进行关联。

（10）出口省中心应及时下载出口预约全量名单，并在 1 小时内下发至出口车道。

（11）严格按相关要求规范查验流程，建立完善的内部监管机制及所辖收费站查验结果复核机制，全力做好防贪堵漏工作；各运管中心做好省内监督管理工作；少新管理处收费管理科不定期对各省查验结果进行抽查，并对不规范查验情况进行全网通报。

（12）因收费站导致通行费应收未收或应免未免的，由其承担相应责任及通行费损失。

（13）预约信息和查验结果数据应作为收费公路联网收费信用体系建设的数据支撑。

（14）对于违反《收费公路管理条例》规定，被确定为拒交、逃交、少交车辆通行费的绿通车辆，可拒绝其通行。按照《交通运输部 国家发展改革委 财政部关于进一步优化鲜活农产品运输“绿色通道”政策的通知》（交公路发〔2019〕99 号）规定，记入高速公路信用黑名单，有关失信记录纳入全国信用信息共享平台，对外公开。

（15）收割机运输车辆在转移过程中，经过公路、桥梁等收费站时，要遵守收费站区管理规定，主动停车出示《联合收割机（插秧机）跨区作业证》（简称《作业证》），自觉服从收费站工作人员的检查和审证。收割机运输车辆在空车返回途经收费站时，必须按章缴纳车辆通行费。

（16）使用假冒、伪造《作业证》的，根据《收费公路管理条例》被确定为拒交、逃交、少交车辆通行费的收割机运输车辆，车辆号牌录入高速公路信用黑名单，在补缴应缴纳通行费前，可拒绝其通行。同时，联合收割机号牌推送至全国农机化综合服务系统，交由农机管理部门处理。

（17）对于查验记录良好的车辆，应随着信用机制的建立，逐步减少查验频率，提高查验效率。

7.2 业务流程

7.2.1 预约流程

（1）司乘人员应通过预约平台进行网络预约通行。

（2）司乘人员注册登录“中国 ETC 服务”小程序，按照界面提示跳转至“高速公路预约通行”小程序进行预约。

（3）司乘人员驶入高速公路前 2 小时通过“高速公路预约通行”小程序填报车牌号、车牌颜色、运输货物、预约上高速时间（精确到小时）、高速起止点省份（可精确到市）、驾驶员联系电话等信息进行预约，收割机运输车辆还需填报收割机号牌、作业证编号。

(4)预约成功后,预约平台生成预约单及对应预约二维码,预约信息仅当次通行有效。

7.2.2 查验业务

7.2.2.1 工作要求

(1)为收费站查验点统一配备符合要求的查验终端设备,查验点仅对当次通行本出口收费站的车辆进行查验,对已驶离本出口收费站查验点的车辆,不应进行查验。

(2)收费站查验人员查验时应严格按部相关文件要求执行。

(3)收费站进行查验时,原则上应不少于2人完成检查及确认工作;对跨省运输车辆原则上应由班长(含班长)以上或指定权限人员进行复核确认。各收费公路经营管理单位需设立专职人员通过监控设施监督查验过程并进行事后核查。

(4)收费站查验人员应通过事件记录仪或摄像机、照相机等设备做好查验整体过程的影像记录,供投诉取证及事后稽核工作使用,影像记录资料保存期限不应低于6个月。

(5)对于查验结果为不合格或假冒绿通车辆、不合格或假冒收割机运输车辆,应对不合格或假冒具体情况进行拍照取证,查验整体过程的影像记录资料,在本地保存期限宜不低于3年。

(6)查验人员严禁使用他人账号开展查验工作,或将本人账号交予他人使用。

(7)查验过程中,查验人员应注意工作的方式方法,尽量减少纠纷,避免冲突。

(8)收费站进行查验信息登记时,宜使用预约平台查验系统(APP),如使用省内自建平台或系统进行查验的,应提前向部联网中心报备,经测试认证通过的,可在有效期内使用。同时,应确保查验结果及时、准确上传至预约平台。

(9)已预约司乘人员查验结果为合格的,应现场告知司乘人员,系统推送查验结果;查验合格但发生扣费的,司乘人员可通过预约平台小程序或部、省客服中心申请退费。若司乘人员对结果有异议,收费站应现场妥善处理并做好相关查验证据的保存工作。

7.2.2.2 业务流程

(1)司乘人员主动申请查验。

(2)查验人员确认车辆是否为正常 ETC 车辆(入口信息有效),且未曾驶离收费站,否则不予查验,按普通货车处理。

(3)查验人员按规定进行查验,采用预约平台 APP 的扫描收费屏幕通行交易二维码关联车辆通行信息,采用自建平台或系统的,可通过扫描通行交易二维码或其他形式获取车辆通行交易相关信息,已预约车辆应扫描司乘人员预约码。

(4)查验人员提交查验信息后,系统实时生成查验记录,司乘人员可通过预约小程序查看查验记录,收费公路经营管理单位可通过预约平台管理端查看查验记录。

7.2.2.3　**查验标准**

(1)合格鲜活农产品运输车辆为整车合法装载运输全国统一的《鲜活农产品品种目录》内产品的车辆。其中:①整车合法装载运输指车货总质量(以入口质量为主)和外廓尺寸均未超过国家规定的最大限值且所载鲜活农产品应占车辆核定载(质)量或车厢容积的 80%以上,没有与非鲜活农产品混装等行为。②对《鲜活农产品品种目录》范围内不同鲜活农产品混装的车辆,比照整车合法装载鲜活农产品车辆执行。③对《鲜活农产品品种目录》范围内的鲜活农产品与《鲜活农产品品种目录》范围外的其他鲜活农产品混装,且混装的其他鲜活农产品不超过车辆核定载质量或车辆容积 20%的车辆,比照整车合法装载鲜活农产品车辆执行。④混装与放蜂相关的临时板房、灶具等生活必备用具的转地放蜂车辆,视同整车装载。

(2)不合格鲜活农产品运输车辆判断标准。

①车货总质量(以入口质量为主)或外廓尺寸超过国家规定的最大限值。

②运载货物不属于《鲜活农产品品种目录》范围。

③运载货物属于水产品、瓜果、蔬菜、肉、蛋、奶等的深加工产品。

④运输冷冻发硬、腐烂、变质有异味农产品的车辆。

⑤未安装 ETC 车载装置的车辆。

⑥已安装 ETC 车载装置但在入口未使用或无法正常使用(如列入 ETC 信用黑名单)、领取 CPC 卡或纸质通行券通行的车辆。因收费系统故障,导致 ETC 司乘人员只能领取纸质通行券通行的情形除外。

⑦装载鲜活农产品未达到车辆核定载质量和车厢容积的 80%以上。

⑧混装非鲜活农产品的。

⑨混装《鲜活农产品品种目录》范围外的鲜活农产品超过 20%以上。

⑩假冒鲜活农产品运输车辆,承运人主观上存在逃费动机,利用符合免费

政策要求的农产品掩盖、围挡、混装深加工农产品及非农产品,企图蒙混过关。

(3)鲜活农产品运输车辆整车合法装载容积的判定方式。

①普通货车:以车辆车厢长、宽、高计算总容积。

②仓栅式货车:以车辆车厢栏板长、宽、高计算总容积。

③厢式货车(封闭货车):以车辆货厢的总容积判断是否合格。

④敞篷货车(平板式、栅栏式):以本车长、宽以及比照同轴型普通货车车厢高度计算的总容积,判断是否合格。

⑤罐式货车:运输鲜奶等罐式车辆,如载重不符合标准,依据载重计算容积(液体体积)是否合格。车主改装的罐式车辆,无罐体容积的有效证明,按照载重标准确定是否免费(注:正常牛奶的密度平均为 1.030 kg/dm^3)。

⑥特殊结构货车(水箱式):装运的水体中载运有可见活动水产品较多的,视同为整车装载。

(4)合格运输联合收割机(插秧机)车辆判断标准。

①持有省级农机、交通部门和县级农机管理部门加盖公章的《作业证》且在有效期内。

②联合收割机(插秧机)号牌与《作业证》登记信息一致且无涂改。

③收割机运输车辆车货总质量(以入口质量为主)和外廓尺寸均未超过国家规定的最大限值。除装载联合收割机(插秧机)及其常用必备配件外,未装载其他货物。

(5)不合格运输联合收割机(插秧机)车辆判断标准。

①《作业证》上省级农机、交通部门和县级农机管理部门公章不清晰或不全,以及未在有效期内的。

②《作业证》登记信息与当前运输的联合收割机(插秧机)未对应或《作业证》有涂改。

③车货总质量(以入口质量为主)或外廓尺寸超过国家规定的最大限值。

④联合收割机未悬挂正式号牌。

⑤未安装 ETC 车载装置的收割机运输车辆。

⑥已安装 ETC 车载装置但在入口未使用或无法正常使用(如列入 212213ETC 信用黑名单)、领取 CPC 卡或纸质通行券通行的车辆。因收费系统故障,导致 ETC 司乘人员只能领取纸质通行券通行的情形除外。

⑦运输除联合收割机(插秧机)必要配件外,还混装其他物品的。

7.2.2.4 查验要求

(1)对鲜活农产品运输车辆应全方位、多点位进行查验,对车辆前、后、两侧及车厢顶部(封闭式车厢检查车厢内部)进行详细检查。

(2)收费公路经营管理单位应严格按照查验要求进行查验,录入查验信息。

(3)鲜活农产品运输车辆查验时应对车辆进行拍照,拍照内容应包括但不限于行驶证(正副本)、车辆车头、车尾、车侧、货物。

①行驶证(正副本):司乘人员提供行驶证的,应确保照片完整、清晰。

②车辆车头照片:保证车头完整、车牌号清晰。

③车尾照片:保证车尾完整、车牌号清晰。

④车侧照片:需从车辆尾部侧面约45°角拍摄。

⑤货物照片:准确反映所载货物品类,并能证明货物与车辆车牌号的对应关系(若采用钴60等放射透视设备进行查验,可使用X光透视图片替代货物照片)。

(4)鲜活农产品运输车辆查验时需按车辆货厢封装类型进行查验拍照。分为敞篷货车(平板式、栅栏式)、普通货车(篷布包裹式)、厢式货车(封闭货车)、罐式货车、特殊结构货车(水箱式)。

①敞篷货车(平板式、栅栏式):需拍摄行驶证照片,车头、车尾、车侧、货物照片。

②普通货车(篷布包裹式):需拍摄行驶证照片,车头、车尾、车侧、货物照片及篷布掀开后至少1/4的车顶货物照片(严寒等特殊季节部分地区不具备条件的,应在查验结果中进行说明并提供以其他方式查验篷布内货物的证据照片)。

③厢式货车(封闭货车):需拍摄行驶证照片,车头、车尾、车侧、货物照片,针对可疑车辆需要卸下部分货物查看车厢内部情况并取证。

④罐式货车:需拍摄行驶证照片,车头、车尾、车侧、运单及箱体标识照片。

⑤特殊结构货车(水箱式):需拍摄行驶证照片,车头、车尾、车侧、水箱内货物照片。

(5)运输联合收割机(插秧机)车辆查验时应对车辆进行拍照,拍照内容应包括但不限于行驶证(正副本)、车辆车头、车尾、车侧、货物。

①行驶证(正副本):确保信息清晰、真实。

②车辆车头照片:保证车头完整、车牌号清晰。

③车尾照片:保证车尾完整、车牌号清晰。

④装载情况:准确反映联合收割机(插秧机)装载情况,并能证明与运输车辆车牌号的对应关系。

（6）判定为不合格的车辆，除拍摄鲜活农产品运输车辆、运输联合收割机（插秧机）车辆查验规则的照片外，在登记不合格类型时，应增加其他有效证据资料。对“车货总质量（以入口质量为主）或外廓尺寸超过国家规定的最大限值”“未安装 ETC 车载装置”“已安装 ETC 车载装置但在入口未使用或无法正常使用、领取 CPC 卡通行的”三种不合格情况可不上传货物照片。

7.2.2.5 查验信息修正及补录要求

（1）因现场操作因素产生的错误工单，可由站长以上（含站长）权限人员或指定人员进行修正。

（2）当查验 App 出现异常情况时（如系统异常无法登录、网络异常无法使用等），可现场手工登记查验信息、手机拍摄查验照片，事后可由站长或指定人员通过管理端补录查验工单功能填报查验信息。

（3）现场查验时，因二维码异常导致无法正常获取通行交易信息的，查验人员可通过查验 App 应急查验功能上报查验数据，省中心技术人员可通过本功能进行数据完善、补充。

（4）查验信息修正及补录工作应在查验后 1 个自然日内完成，并确保数据修正结果准确、有效。

7.2.3 特情处理

7.2.3.1 工作要求

（1）绿通车辆、收割机运输车辆预约通行特情包括未预约通行、已预约但省中心或车道未收到预约信息、已预约但查验结果未在自交易发生后 6 小时内上传、已预约但中途变更出口省份等。

（2）发生特情时，车辆通行高速公路按正常货车计费扣费的，查验结果合格车辆，司乘人员可通过预约平台小程序或部、省客服中心申请退费。

7.2.3.2 特情车辆处理流程

（1）司乘人员可通过预约平台发起退费申请或拨打部、省客服中心电话申请退费。

（2）发行服务机构应在收到司乘人员申请后，按照《收费公路联网收费运营和服务规则（2020）》及相关规程要求完成投诉处理。

（3）预约平台实时获取司乘人员服务支撑系统退费工单处理进度，并将退费结果反馈给司乘人员。

7.2.4 数据交互

(1)司乘人员提交通行预约申请后,部联网中心实时生成预约名单,省中心实时下载本省出口的相关预约名单并下发出口车道,最长不超过1小时。

(2)车辆通行入口收费站、ETC门架,系统按照普通货车正常产生交易数据并上传省中心。

(3)出口收费站。

①ETC车辆在预约名单内的,出口车道软件可采用两种方式处理:一是ETC卡面进行零元扣费后,省中心系统对查验合格的交易数据进行二次优惠处理;二是车道拦截后,现场查验合格的直接进行优惠处理,并记录特情信息。

②收费站应严格按照规程要求查验车辆,并将查验结果数据及时上传至部联网中心。

(4)运管管理单位。

①运管中心实时向联网中心请求下载绿通车辆、收割机运输车辆查验结果信息。

②出口运管中心可对ETC货车交易数据暂压6小时(查验合格进行现场免费或确认收费处理的数据除外),交易记账前,将交易数据与接收到的查验结果进行校验,如查验结果合格则进行二次优惠处理,省内交易转发行服务机构记账并上传联网中心,多省交易上传至联网中心进行跨省清分结算。如未进行交易数据暂压处理或不具备暂压6小时条件的(可能产生逾期),在清分结算后妥善处理查验结果合格且已扣费司乘人员的退费工作。

③查验结果为不合格的,出口运管管理单位按照普通货车处理交易流水。

(5)发行服务机构。

按照《收费公路联网收费运营和服务规则(2020)》相关要求处理查验合格但发生扣费的绿通车辆、收割机运输车辆投诉退费。

第 8 章　稽核管理

8.1　基本原则

（1）全网稽核业务主要针对人为原因造成的少缴、未缴、拒缴通行费的行为，包括收费人员不规范操作、收费运营管理单位管理漏洞、发行服务机构违规发行、车辆驾驶人员恶意逃费、客户使用虚假证件等。

（2）稽核业务根据稽核对象分为内部稽核与外部稽核，范围主要包括数据核查、通行费稽核、通行费补费与管理改进等。

8.2　内部稽核

（1）内部稽核是指通过数据分析、事后核查对行业内部参与单位、业务人员的操作规范性、执行合规性等进行稽核分析，排查是否存在因行业人为原因造成的通行费损失等问题。

（2）有关要求。

①内部稽核为收费行为稽核、运营管理稽核。

②处理部联网中心和省级稽核管理单位下发的内部稽核工单，并收集核查证据，上报整改结果。

③负责建立健全收费站内部稽核制度，定期开展内部稽核，防止出现管理漏洞造成的通行费流失。

（3）收费行为稽核。

①收费行为稽核是指对收费操作的准确性、规范性的稽核。

②收费操作准确性稽核应包括收费人员在车牌录入、车型录入、通行费收取、通行交易信息记录等业务操作中的准确性；收费操作规范性的稽核应包括优免车辆处理、特情处理、追缴名单处理、通行费补费等业务操作流程的规范性。

③及时响应省厅、还贷中心两级的稽核工单，开展核查并反馈核查结果。每周定量抽检稽核收费行为，发现问题及时整改。

(4)运营管理中心稽核。

①运营管理中心稽核包括对收费政策执行、高速设施封闭式管理等方面开展的稽核。

②收费政策执行稽核包括全国优惠减免政策执行及检查核验等业务的稽核。

③收费站应及时响应省厅、还贷中心两级的整改工单,开展核查并反馈核查结果;同时根据部省两级制定的相关规范开展运营管理稽核工作。

8.3 外部稽核

(1)外部稽核是指各参与方通过特情流水复核,异常通行数据校验,现场查实、专项数据分析、接收举报等方式分析鉴别车辆是否因客户原因存在少缴、未缴、拒缴通行费的行为或可疑行为,并认定其逃费类型和责任主体的过程。

(2)有关要求。

①外部稽核业务包括疑似车辆筛选、联合协查、逃费类型确定、责任主体确定等工作内容。

②通过对特情数据复核、异常通行数据分析、优免数据分析、专项数据分析、现场查看或接收举报等方式筛选疑似逃费车辆,并发起联合协查(见本书附录2)。

③通过省厅级稽核系统发起稽核工单的方式开启联合协查,其他参与方应按要求在规定的时限内处理协查工单。

④已在省内完成协查的车辆及其通行记录可通过部省接口或者直接在部稽核系统录入的方式,共享至全网。

⑤外部稽核的车辆经联合协查,确认由客户原因造成的少缴、未缴、拒缴通行费的可加入追缴名单,并开展通行费补费,疑似逃费但证据不足的可加入重点关注名单进行监测。

⑥对外提供稽核举报热线电话,接受社会公众提供的相关线索。

⑦鼓励对外部稽核工作中积极提供证据、现场追缴有效等表现突出的个人或单位,提供多种多样的表彰,促进稽核工作健康有序的发展。

8.4 稽核方式

8.4.1 收费差额分析

根据需要采取全量或抽样的方式，对各类交易数据统计结果与实际收费额进行比对，确定收费数据差额范围，并根据缺失原因展开分析，明确稽核工作方向和范围。

8.4.2 特情流水复核

负责对部级稽核系统推送的特情流水复核，并筛选出疑似逃费车辆。

8.4.3 特殊事件复核

对收费现场发生的特殊事件，进行人工登记，事后进行全量复核，并上报处理结果。

8.4.4 优免数据复核

对按规定采集的各种通行费减免车辆交易数据及其相关查验数据，与相应优惠免费政策、车辆实际通行情况进行比对分析，筛选出疑似逃费车辆。

8.4.5 专项数据分析

对高频出现的大量同类逃费行为，依据逃费线索或规律，通过对收费数据进行大数据分析，或现场集中查验，发现各种疑似逃费车辆，其他参与方配合进行协查，筛选出疑似逃费车辆。

8.4.6 现场或举报稽核

对客户或其他人员通过现场、电话、电子邮件、网络等方式向行业投诉或举报的逃费线索，在稽核系统人工录入稽核工单发起联合协查；通过现场明察暗访等方式收集逃费线索进行稽查，筛选出疑似逃费车辆。

8.5 稽核类型

通过上述各类稽核方式发现的少交、未交通行费行为，应准确区分逃费类型，具体逃费类型包括以下几种。

8.5.1 改变车型（车种）逃费行为稽核

（1）判定依据：发行系统、ETC 卡及 OBU 设备中写入的车型（车种）与车辆有效证件或公安交管信息登记的车型（车种）不符。

（2）证据文件：ETC 交易流水、入/出口通行记录、ETC 门架通行记录、车辆通行图像信息、客户信息、车辆证件信息、公安交管车辆数据、通行轨迹数据等。

（3）逃费方式。

①大车小标，指客户办理时发行错误或利用假证、违规安装、拆卸标签等方式造成卡内写入车型小于车辆实际车型。

②货车客标，指客户办理时发行错误或客户利用假证、违规安装、拆卸标签等方式造成卡内写入为客车而实际为货车。

③货车甩挂，指货运挂车客户通过甩挂、加挂等方式通行时带挂车通行，交费时无挂车交费或加挂通行。

8.5.2 改变缴费路径逃费稽核

（1）判定依据：路径缺失严重，入/出口收费站、计费门架数据丢失，现场检查中发现的干扰收费设施等行为。

（2）证据文件：车辆通行图像信息、客户信息、公安交管车辆数据、通行轨迹数据等。

（3）逃费方式。

①屏蔽计费设备逃费：指通行车辆通过屏蔽或干扰收费公路收费、计费设施方式以缩短实际通行路径的逃费行为。可通过车牌或视频等方式还原车辆实际通行路径。

②有入口无出口逃费：指在通行交易数据中显示有入口无出口的通行车辆，经核查确定为逃费的行为。收费公路经营管理单位应对稽核系统判定的“多次入口覆盖”车辆进行重点标记跟踪稽核。

③闯关逃费：指车辆跟车、插队、强行通过收费车道的逃费行为。可通过车牌、视频、车辆特征等信息追查车辆。

④收费公路私开道口逃费：指车辆通过私开道口、服务区、施工区域驶入/出收费公路以达到少交、逃交通行费的行为。

⑤换（倒）卡逃费：指通行收费公路的车辆通过“跑长买短、倒换通行介

质”等方式达到少交、逃交通行费的行为。

8.5.3 利用优免政策逃费行为稽核

(1)判定依据:行为人采取不正当手段将应交费车辆假冒成绿色通道、抢险救灾、进行跨区作业的领有号牌和行驶证的联合收割机(包括插秧机)及其专用的运输车辆等通行费优免车辆;收费从业人员内外勾结将应交费车辆判定为免费车辆。

(2)证据文件:ETC、CPC 卡入/出口通行记录,车牌识别数据,ETC 门架通行记录,车辆[车头、车尾(如有则提供)]抓拍照片,现场查验货物照片等。

(3)逃费方式。

①假冒鲜活农产品运输(绿色通道)车辆:指通行收费公路的绿通车辆经人工或系统查验不符合相关优免政策要求,认定为逃费的。

②假冒抢险救灾、进行跨区作业的领有号牌和行驶证的联合收割机(包括插秧机)及其专用的运输车辆:指通行收费公路时经查验不符合抢险救灾或进行跨区作业的领有号牌和行驶证的联合收割机(包括插秧机)及其专用的运输车辆,认定为逃费的。

8.5.4 其他因客户原因少缴、未缴、拒缴通行费行为稽核

(1)逃费方式。

①U/J 形行驶,指通过通行交易数据分析发现的多次 U/J 形行驶,经确认为逃费的。

证据文件:ETC、CPC 卡入/出口通行记录,车牌识别数据,ETC 门架通行记录,车辆通行图像信息等。

②车牌不符,指通过现场或数据分析发现车辆 ETC 卡及 OBU 设备中写入的车牌号码、车牌颜色等与车辆实际情况不符或车辆入/出口车牌信息不匹配的。

证据文件:ETC、CPC 卡入/出口通行记录,车牌识别数据,ETC 门架通行记录,车辆通行图像信息等。

③不可达(不合理)路径,指通过通行交易数据分析发现的车辆行驶路径不符合常规通行路径,且无法做出合理解释的车辆。

证据文件:ETC、CPC 卡入/出口通行记录,车牌识别数据,ETC 门架通行记录,车辆通行图像信息。

④一车多签(卡),指通过系统稽核或现场发现的同一辆车使用多个 OBU

（多张 ETC 卡）通行收费公路的行为。

证据文件：ETC 交易流水、ETC 门架通行记录，车辆通行图像信息、客户信息、客户状态名单信息，公安交管车辆数据、通行轨迹数据等。

⑤遮挡、套用号牌，无车牌，假车牌等通行行为，指车辆在通行收费公路时采用遮挡号牌、套牌、无牌或使用假牌方式少交、逃交通行费的行为。

证据文件：ETC、CPC 卡入/出口通行记录，ETC 门架通行记录，车辆通行图像信息，车牌识别数据等。

（2）责任认定。

①每条稽核追缴信息的生成均需明确责任认定，责任认定结果分为收费公路经营管理单位责任、发行服务机构责任和客户责任 3 种。

②涉及 ETC 用户改变车型或车种责任的，先由发行服务机构做自我认定，发行服务机构的自我认定必须提供切实证据，省中心审核，以省中心最终审核结果为依据进行更改。

③其他逃费类型均由各通行的收费公路经营管理单位进行责任认定，省中心审核，各收费公路经营管理单位可以意见不一致，但均以省中心最终审核结果为依据进行更改。

④通行省的经营管理单位认为责任主体是出口省的，出口省必须提供相关证据证明无责任，否则认定责任主体为出口省收费公路经营管理单位，并需垫付损失通行费，不发起通行费追缴，由系统做质量考核记录。

⑤认定为发行服务机构或收费公路经营管理单位责任的，责任方需垫付损失通行费，不发起通行费追缴，由系统做质量考核记录。

⑥认定为客户责任的，对客户做失信记录，开展通行费追缴工作。

⑦复核改判认定为客户责任的，对客户做失信记录，开展通行费追缴，对相关责任认定单位进行质量考核的事故率记录。

⑧复核改判认定发行服务机构或相关收费公路管理单位责任的，对相关责任认定单位做质量考核的事故率记录。

⑨当单条追缴信息中涉及多方责任的，则系统分别记录质量考核或失信行为。

⑩部联网中心应对各省责任认定情况进行抽检复核。省级稽核管理单位应对路段单位和发行服务机构责任认定情况进行全面复核。

8.5.5 外部稽核处理流程

8.5.5.1 ETC 客户改变车型或车种逃费行为稽核协查业务流程

ETC 客户改变车型与车种逃费行为稽核业务流程见图 8-1。

(1)发起方(可为部联网中心、省级稽核管理单位、发行服务机构或收费公路经营管理单位)在部级系统提交稽核证据,省级稽核管理单位在 1 个工作日内审核,审核通过后,系统下发工单至发行服务机构和其他相关省份。

(2)发行服务机构应在 1 个工作日内提交发行信息及证据,并做责任认定;发行服务机构所在的省级稽核管理单位应在 1 个工作日内完成审核。

(3)省级稽核管理单位审核通过后,系统自动补充历史交易流水,并下发至相关收费公路经营管理单位,在 3 个工作日内提交相关证据,核算补费金额并做责任认定;由省级稽核管理单位在 1 个工作日内审核所辖收费公路经营管理单位提交的证据材料、补费金额及责任认定等相关信息。

(4)认定为客户原因且证据充足造成 ETC 客户车型或车种错误,少交通行费的,系统下发补费信息,预生成追缴名单,同时发行服务机构下发状态名单限制 ETC 通行,通知客户更改回正确信息并于 7 个工作日内补缴通行费;认定为客户责任但证据不充分的,系统生成重点关注名单并进行共享,同时发行服务机构通知客户更改回正确信息。

(5)客户没有按时全额补费的,系统自动启用追缴名单,进行全网限制通行。

(6)认定为发行服务机构自身原因造成 ETC 客户车型或车种错误,少缴通行费的,省级发行服务机构负责补缴各省通行费损失。下发状态名单限制 ETC 通行,同时通知客户更改回正确信息。更改完成后解除状态名单限制。

8.5.5.2 ETC 客户一般逃费行为稽核协查业务流程

ETC 客户一般逃费行为稽核协查业务流程见图 8-2。

(1)发起方(可为部联网中心、省级稽核管理单位、发行服务机构或收费公路经营管理单位)在部级系统提交稽核证据,省级稽核管理单位在 1 个工作日内审核,审核通过后,系统下发工单至发行服务机构和其他相关省份。

(2)需要其他省份协助完善证据的,发行服务机构应在 1 个工作日内提交发行及证据信息(非车型或车种与实际不符的无须做责任认定),由发行服务机构所在的省级稽核管理单位在 1 个工作日内完成审核。

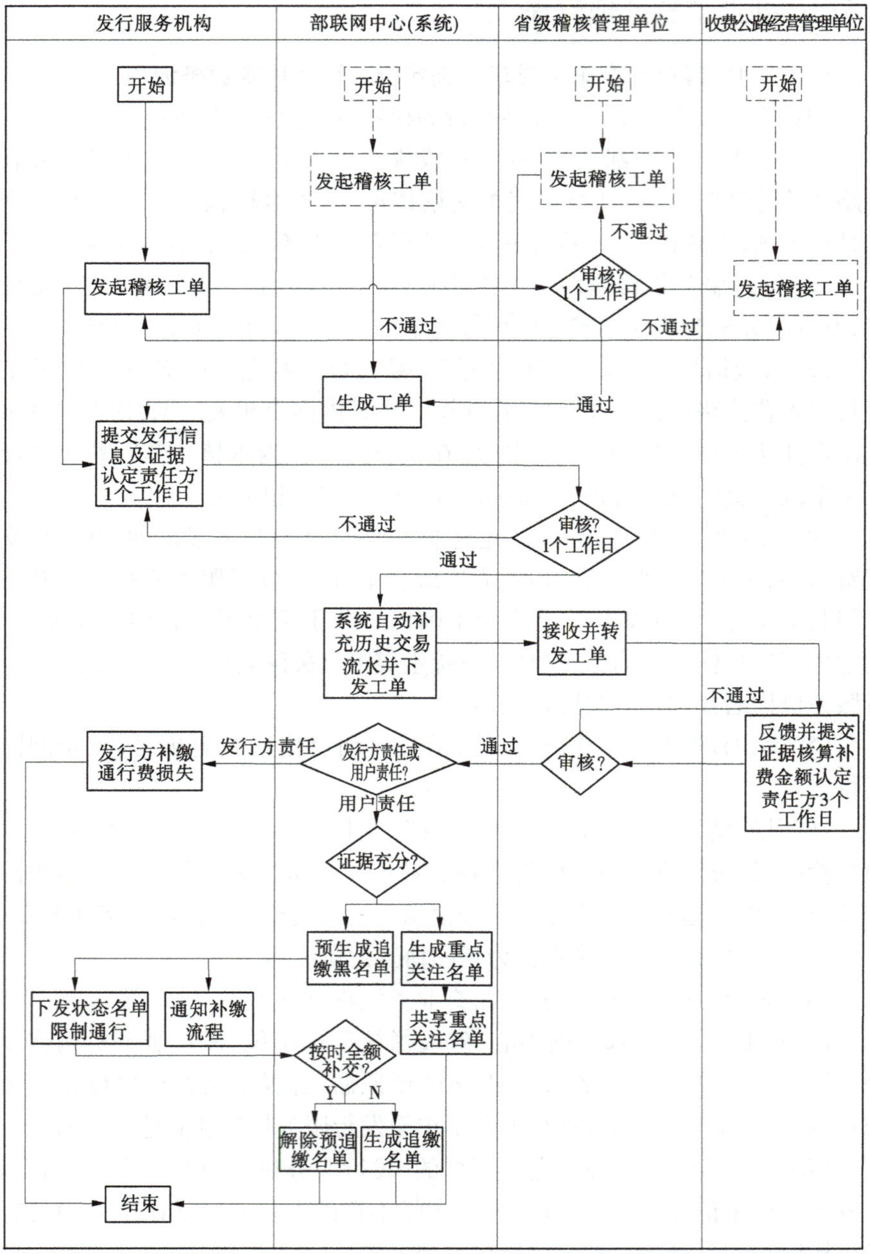

图 8-1　ETC 客户改变车型与车种逃费行为稽核业务流程

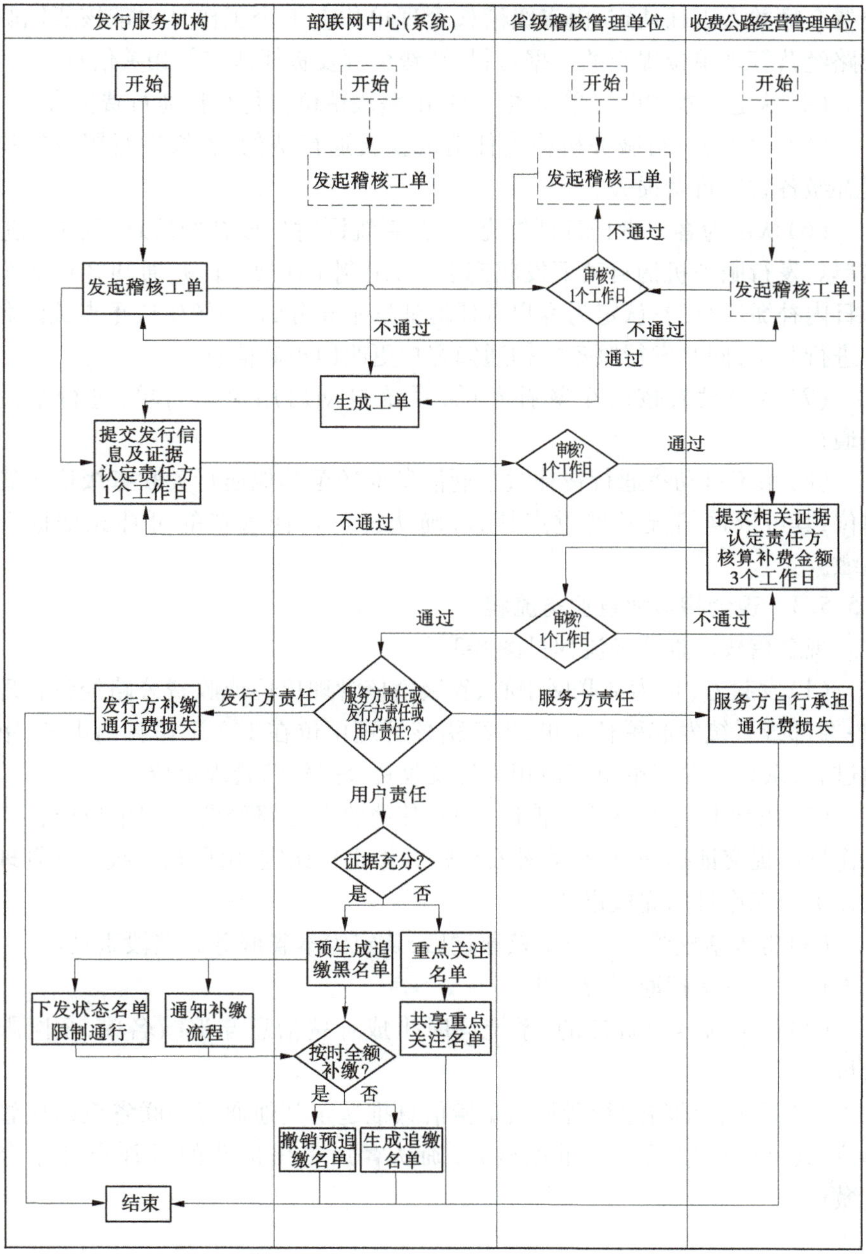

图 8-2　ETC 客户一般逃费行为稽核协查业务流程

(3)相关收费公路经营管理单位应在3个工作日内提交相关证据、核算补费金额并做责任认定;由省级稽核管理单位在1个工作日内审核所辖收费公路经营管理单位提交的证据材料、补费金额及责任认定等相关信息。

(4)认定为本省路段单位责任的,由路段单位自行承担通行费损失。

(5)认定为发行服务机构责任造成少交通行费的,省级发行服务机构负责补缴各省通行费损失。

(6)认定为客户责任且证据充分的,系统同时生成补费信息,预生成追缴名单。发行服务机构自动下发状态名单,限制ETC通行,并通知客户7个工作日内补缴通行费;认定为客户责任但证据不充分的,系统生成重点关注名单并进行共享,同时发行服务机构通知客户更改回正确信息。

(7)客户没有按时全额补费的,系统自动启用追缴名单,进行全网限制通行。

(8)系统自动将通行费补缴车辆信息推送至其他通行关联省级稽核管理单位,其可依据情况开展重点核查,确认客户责任逃费的可补充证据合并追缴。

8.5.5.3 现金稽核协查业务流程

现金稽核协查业务流程见图8-3。

(1)发起方(可为部联网中心、省级稽核管理单位或收费公路经营管理单位)在部级系统发起稽核工单,省级稽核管理单位在1个工作日内审核,审核通过后,系统下发工单至其他相关省及收费公路经营管理单位。

(2)需要其他省协助完善证据的,其他收费公路经营管理单位应在3个工作日内提交证据信息、核算补费金额并做责任认定,由所辖省级稽核管理单位在1个工作日内完成审核。

(3)省级稽核管理单位审核通过后,认定为本省服务方路段责任的,由服务方路段自行承担通行费损失。

(4)认定为客户责任的,系统同时生成补费信息与追缴名单,全网限制通行。

(5)系统自动将通行费补缴车辆信息推送至其他通行关联省级稽核管理单位,其可依据情况开展重点核查,确认客户责任逃费的可补充证据合并追缴。

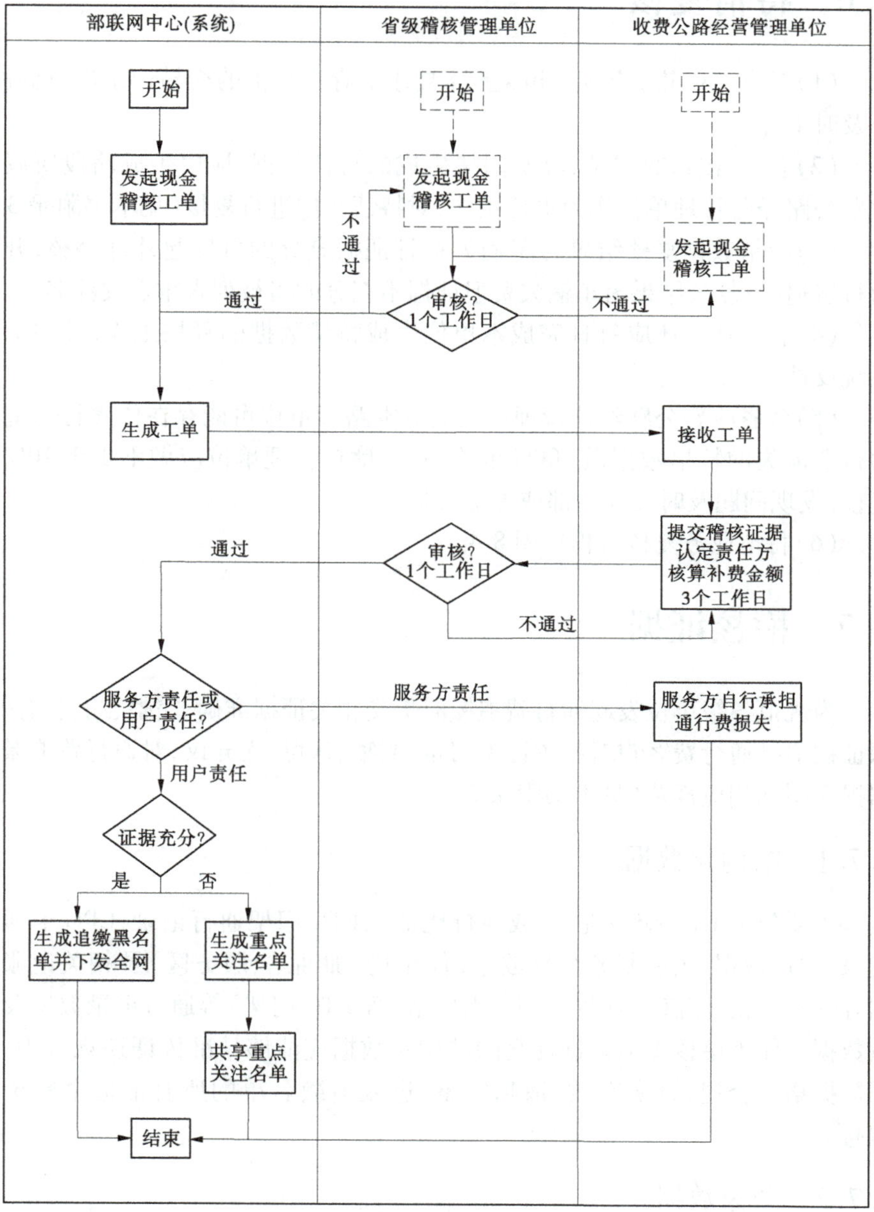

图 8-3　现金稽核协查业务流程

8.6 特情复核

(1)各省(区、市)应按照相关技术要求对存在特情的交易记录进行标注,并及时上传。

(2)各入/出口收费站、收费门架生成的特情数据,应由生成路段所属的收费公路经营管理单位作为责任主体,对特情数据进行复核(见本书附录3)。

(3)特情数据复核结果为车辆欠费且证据充分的可发起外部稽核,开展通行费追缴;复核结果为车辆欠费但证据不充分的将被列入重点关注名单。

(4)各责任主体应每日完成本单位生成特情数据的复核工作,并向部级系统反馈复核结果。

(5)各省收费公路经营管理单位应对本路段单位可能存在作弊行为造成通行费流失的特情数据做100%审验,省级稽核管理单位应做不少于10%的复核,发现问题及时发起内部或外部稽核。

(6)特情业务复核流程见图8-4。

8.7 稽核证据

为规范各级单位发起通行费追缴时提交相关证据准确、完整、翔实、有效,保证被追缴通行费客户对相关证据清楚、明晰、认可、无异议,对通行费追缴证据提交明确相应规范(见本书附录2)。

8.7.1 结构化数据

主要包括ETC交易流水(或通行凭证)、ETC门架通行记录、CPC卡通行记录、图像数据、拓展服务交易数据(停车场、加油站、服务区)及相关记账数据等交易数据,车牌识别数据,入/出口站(含ETC门架)等通行记录数据及特情数据。作为稽核追缴证据提交的结构化数据应能够精准佐证违规行为,保证数据格式合规、真实有效、清晰完整,进入追缴名单的所有证据全网统一编号。

8.7.2 图像数据

主要包括车辆[车头、车尾(如有则提供)]抓拍照片、车牌[车头、车尾(如有则提供)]抓拍照片、车辆通行图像信息等。抓拍照片或图像中应可以

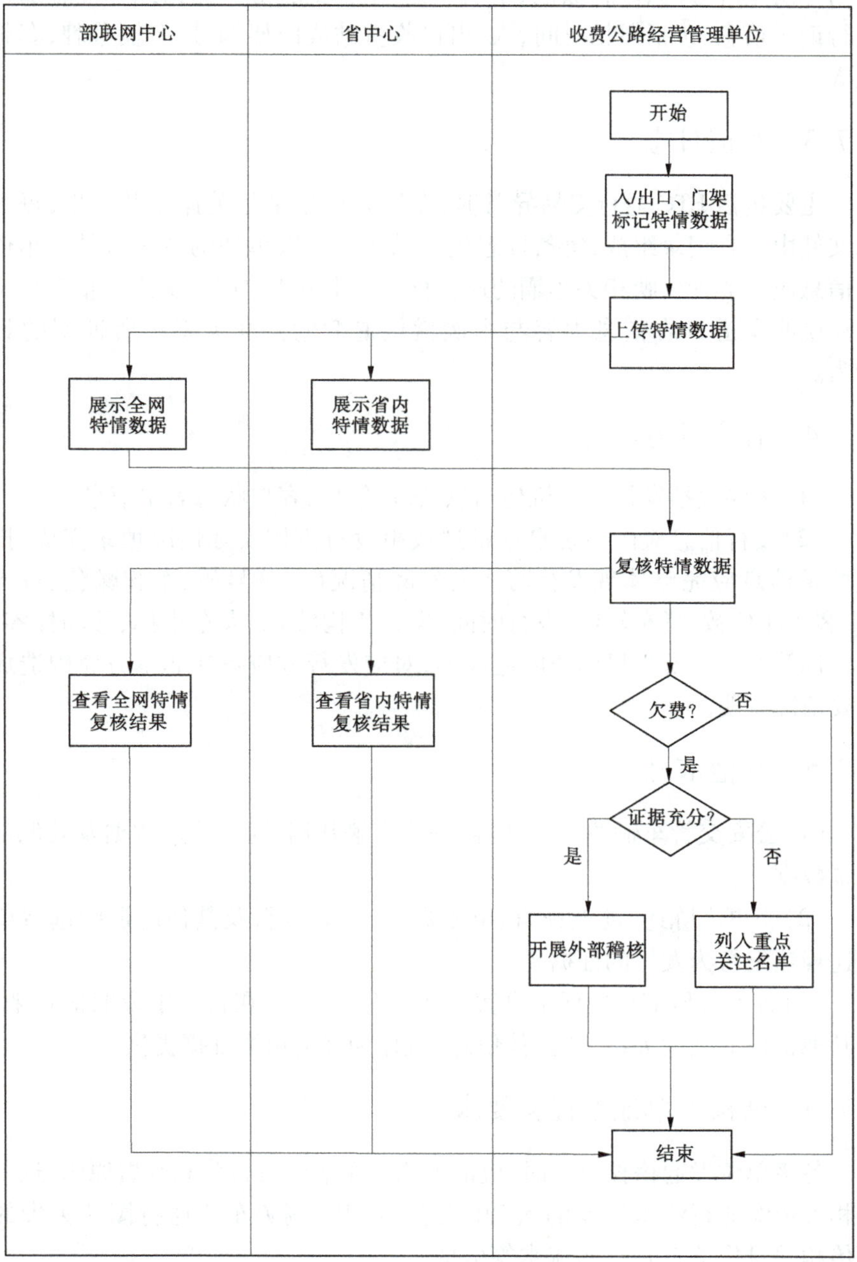

图 8-4　特情业务复核流程

清晰分辨车牌号码、车牌颜色、车辆颜色、车脸全貌等。抓拍照片应叠加标记通行记录信息，包括抓拍时间、入/出口收费站或门架编号、车辆号牌、车牌颜色等。

8.7.3 车道日志

主要包括 ETC 通行交易异常时，车道软件记录相关操作及结果，每个日志文件由日志记录组成，每条日志记录描述了一次单独的系统事件。车道日志信息应可清晰反映相关车辆的通行行为。生成工单时相关提交信息单位应备注说明车道日志信息内容与本次稽核追缴的关联关系和所证明的具体行为。

8.7.4 客户发行信息

(1)主要包括发行服务机构信息、客户信息、客户状态名单信息等。

(2)发行信息应由系统自动推送或由发行方按实际情况填录完成，推送或填录信息应完整体现发行写入的实际情况(车牌号码、车牌颜色、写入车型、客车座位数/货车轴数、发行时间、发行机构等)。大车小标、移动标签、货车客标等情况非发行机构原因造成的，对应发行方应备注非本方原因造成的简要情况说明。

8.7.5 其他信息

(1)公安交管车辆数据、“两客一危”车辆数据、通行轨迹数据及其他部门共享数据。

(2)当事人陈述、证人证言、电子数据、视频资料及其他能证明逃费事实或违规违纪行为发生的证据。

(3)各类其他信息应保证真实、合法、有效，并应在备注中说明信息来源、与其他证据的辅助关系。“其他信息”宜作为辅助追缴证据提供。

8.7.6 稽核工单证据提交要求

各级单位发起稽核追缴时，应清晰描述车辆欠费行为和补费原因，逐一上传相关追缴通行流水涉及的入/出口通行图片(闯关车或通行图片丢失的可上传相关录像信息)、交易流水等信息。

8.8 追缴名单

8.8.1 有关要求

（1）追缴名单用于因客户原因存在少缴、未缴、拒缴通行费且证据确凿的车辆，限制其通行收费公路并追缴通行费。

（2）完成通行费全额追缴的车辆，将从追缴名单中解除；未完成通行费全额追缴的车辆，仍在追缴名单内继续追缴。

（3）追缴名单中车辆的各条通行记录信息应与系统要求相匹配，不匹配则无法录入追缴名单。

（4）各参与追缴单位发起通行费追缴时，应确定发起的稽核类型及各自判定责任主体，稽核类型包括：改变车型（车种）逃费、改变缴费路径逃费、利用优免政策逃费及其他类型等。责任主体包括客户、发行服务机构、收费公路经营管理单位。

（5）只有因客户原因造成的少缴、未缴、拒缴通行费车辆才可加入追缴名单，因行业参与方原因造成的通行费损失不得加入追缴名单。

（6）部联网中心、省级稽核管理单位、收费公路经营管理单位、发行服务机构等单位均可将通过数据筛查、现场排查、跨省协查方式发现的因客户因素少缴、未缴、拒缴通行费车辆加入追缴名单。

8.8.2 追缴名单录入

（1）稽核发起后，将符合追缴行为的车辆与相应的逃费记录在部级系统自动生成追缴名单。

（2）录入追缴名单的车辆应提供信息包括：车辆基本信息（车牌号码、车牌颜色、车型、车种等）、原始交易流水（交易时间、入/出口站、完整路径信息、已缴通行费）、稽核确认的通行记录（逃费时间、入/出口站、路径信息、责任主体、已缴通行费、应缴通行费、逃缴通行费、费率计算版本号）、ETC 卡及 OBU 信息（ETC 客户）、逃费类型、其他证据信息、验证享受优免情况等。

（3）相关参与方在录入追缴名单信息时，应仔细核对录入信息，避免出现信息录入错误、重复录入等。

（4）已在追缴名单内的车辆，发现存在其他逃费行为且证据确凿时，可在已有的追缴名单中追加录入合并追缴。

（5）省级稽核管理单位应保证追缴名单信息准确、完整、翔实。

（6）各省录入的追缴名单和重点关注名单车辆证据均应按文件命名规则进行编号，防止出现证据错乱。

8.8.3 追缴名单审核

省级稽核管理单位应对本省录入的追缴名单信息进行审核并承担相应责任，审核通过后自动生成追缴名单，审核不通过则返回至录入方。

8.8.4 追缴名单生成及下发

（1）部联网中心通过部级系统将各省级稽核管理单位审核通过的稽核结论形成的追缴名单汇聚，生成全网追缴名单。

（2）ETC 客户超过补缴时限未全额补费的，应将车辆列入追缴名单；非 ETC 客户在稽核结论确认后，应将车辆直接列入追缴名单。

（3）部级系统生成追缴名单后，下发至车道和发行服务机构的时间不应超过 4 小时。其中，部级系统至省级系统不超过 1 小时，省级系统至路段系统超过 1 小时，路段系统至收费车道不超过 2 小时。

（4）省级稽核管理单位、收费公路经营管理单位、发行服务机构应建立追缴名单参数接收下发校验机制，定期检查是否下发成功、生效启用，定期检查时间间隔不得长于 24 小时。

（5）追缴名单和重点关注名单车辆的证据文件应按要求进行命名，包含车牌号码、逃费类型及证据类型等，便于快速、清晰、明确了解证据信息。

8.8.5 追缴名单变更

追缴名单变更包括追缴名单解除、更新、撤销等。

8.8.5.1 追缴名单解除

追缴名单车辆全额补缴通行费后，系统 4 小时内自动解除该车辆追缴名单，并对客户进行提示。若为 ETC 客户，系统自动传达指令至发行服务机构，车型（车种）不符已更改为正确信息的应解除状态名单。

8.8.5.2 追缴名单更新

当相关参与方发现追缴名单车辆信息变化、信息录入错误时，可通过部级系统发起信息更新申请，省级稽核管理单位 1 个工作日内完成信息更新及审核，审核通过后，系统自动更新追缴名单信息。

8.8.5.3 追缴名单撤销

当相关参与方发现追缴名单车牌信息错误、被套牌车、证据无效或不足等情况时，可通过部级系统提交撤销申请，并提供相关证据资料，追缴名单信息录入省级稽核管理单位应在1个工作日内完成信息核实。若核实追缴名单车辆信息存在问题，系统自动撤销并更新相关信息。

8.8.6 追缴名单车辆处理方式

8.8.6.1 收费车道限制通行追缴

收费车道系统通过车牌识别等方式对追缴名单车辆自动实施限制通行，现场人员查询、核实车辆信息并向用户进行告知，用户可通过部省两级补费平台查询自己的补费信息，客户完成全部通行费补费后，系统自动解除追缴名单。

(1)错误限制通行处理。

各级稽核管理单位对非名单车辆或套牌车辆错误限制通行时，应及时做好信息核对与沟通解释工作，避免发生客户投诉。事后应及时进行原因分析，根据情况做出整改处置。

(2)限制通行现场处置工作要求。

①各级稽核管理单位应根据本省实际制订预防拥堵和应急处置预案，建立与路政、交警、公安等部门的联动机制，预防突发情况。

②各级稽核管理单位应组织各方密切配合，做好限制通行中的协调沟通等工作。

③工作人员可根据现场逃费车辆行为的法律责任情况，决定是否向公安机关报案，由相关执法机构进一步处理。

④相关单位及人员应严格依法依规开展追缴名单车辆限制通行追缴工作，坚决杜绝因违规违纪行为或处理不当引发的群体性事件。

⑤相关单位及人员应维持现场工作秩序，合理引导车辆，设置相应安全引导设施，保障人员安全，避免造成现场拥堵。

⑥如遇到当事车辆存在特殊危急、可能造成重大经济损失风险或危及人员生命财产安全的情况，可快速核实取证后先放行车辆，再做事后追缴。

⑦当名单车辆被限制驶入或驶出收费站时，车道疏导人员应立即予以现场处置，引导车辆驶离车道补缴通行费。

⑧对名单车辆予以引导和补费时，工作人员宜佩戴和开启工作录像记录设备，全程进行工作记录，并留存工作录像不小于3个月。对于处理期间存在

争议的车辆其工作录像留存不得小于12个月。现场发生争执或行为过激的应永久留存。

⑨相关现场处置工作录像应按要求统一存储至固定系统位置，可供本省相关系统远程调取审验与稽核。

8.8.6.2　律师函或告知书处理

针对证据确凿却拒不补费的车辆，可通过律师函或告知书等方式执行处理。

8.8.6.3　移交相关部门处理

针对超限、违反《道路交通安全法》、逃费金额达到立案标准等行为的车辆，可联合相关部门对其进行相应处理。

8.8.6.4　诉讼处理

发律师函或告知书追缴无效时，对符合起诉条件的可通过司法程序追缴，并追究相关违法人员的法律责任。

8.8.6.5　专项行动处理

部联网中心及各省稽核管理单位针对追缴名单中相对集中、问题突出的区域或客户群体进行分析，牵头组织专项治理行动。

8.8.6.6　追缴名单信息或证据查询处理

部联网中心、省级稽核管理单位、收费公路经营管理单位、发行服务机构均可通过车牌号查询全网追缴名单信息，查询时应严格做好操作记录；追缴主体需要补充相关证据时各相关参与单位应积极配合及时提供，并注意做好信息与证据的保密工作。

8.8.6.7　异议处理

现场限制名单车辆通行时，当客户提出异议，处理方应做好解释沟通，协助查询违规证据，做好文明服务。需要与其他参与方协调时，相应参与方应积极配合处理。

8.8.7　追缴名单业务流程

追缴名单业务流程见图8-5。

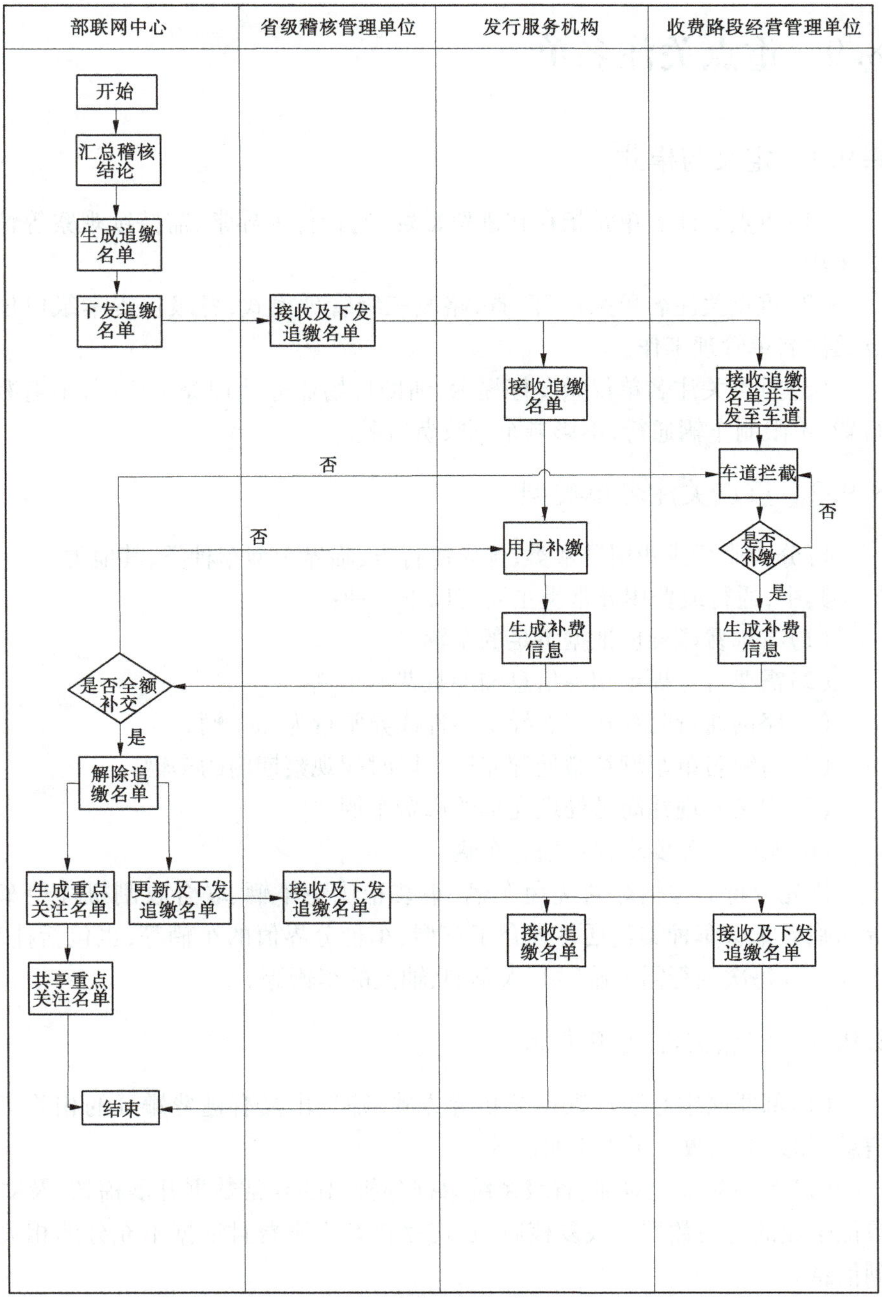

图 8-5　追缴名单业务流程

8.9 重点关注名单

8.9.1 定义与模式

(1)重点关注名单是指存在逃费嫌疑、通行行为异常、需持续观察等情况的车辆。

(2)重点关注名单采取部、省、路段三级管理模式,各级负责本级单位重点关注名单管理工作。

(3)重点关注名单仅做友好提示,辅助现场业务处理提示使用,不追缴通行费、不限制车辆通行、不影响车辆收费行驶。

8.9.2 重点关注名单类型

可分为通行或费用异常类、优先放行类、临界车型车种类、其他类等。

其中,通行或费用异常类主要有以下几种:

(1)有逃费嫌疑但证据不足的车辆。

(2)需要特殊提示相关信息辅助收费的车辆。

(3)路网通行时存在多次异常事件或异常行为的车辆。

(4)追缴名单车辆补缴处理完毕一段时间观察期内的车辆。

(5)现场发现并简易处理完毕的逃费车辆。

(6)其他业务要求提示信息车辆。

优先放行类包括绿通优免车辆、集装箱优免车辆、联合收割机优免车辆等。临界车型车种类包括各种介于车型、车种分界值的车辆等,也包括挂车、半挂车等每次同行需要临时写入车型、轴数的车辆等。

8.9.3 重点关注名单来源

(1)部联网中心通过数据分析等方式,筛选出具有逃费嫌疑的相关车辆信息,如无卡次数大于等于两次等。

(2)各相关单位对部、省级系统数据分析出的异常数据开展稽核,及对本单位生成的特情数据完成复核后,发现存在客户逃费且证据不充分的相关车辆信息。

(3)追缴名单逃费车辆补缴完所有欠费后一年内的车辆。

(4)各相关单位发现并在部、省级系统统一登记的疑似逃费车辆或异常车辆信息。

（5）各省根据本省内实际情况，通过数据分析、现场发现等方式，发现具有逃费嫌疑的相关车辆信息。

8.9.4　重点关注名单生成

（1）省内各参与方录入的重点关注名单车辆须由所在省级稽核管理单位审核，通过后可上传至部级系统列入全网重点关注名单共享，各省可根据需要查询或下载重点关注名单，部联网中心不统一下发。

（2）已在重点关注名单中的车辆，通过其他方式再次进入重点关注名单的，可更新添加，系统自动记录逐次添加信息（录入单位、录入原因、相关证据、录入时间等）会累计记录。

（3）发现车辆因客户因素少交、未交通行费嫌疑，但无完整证据的，需要视频、图像、流水等至少1项证据支撑，并附清晰的判断说明，通过省级稽核管理单位审核后可生成重点关注名单。

8.9.5　重点关注名单变更

（1）部联网中心负责对部级重点关注名单进行信息更新。省级稽核管理单位负责对本省重点关注名单进行信息更新。

（2）重点关注名单录入信息错误需要更正时，可由名单录入单位在系统中提交变更申请，省级稽核管理单位审核通过后进行变更。也可由省级稽核管理单位直接变更。

8.9.6　重点关注名单解除

（1）省级稽核管理单位负责本省重点关注名单解除工作。

（2）收费公路经营管理单位可向本省级稽核管理单位申请对本路段的重点关注名单进行解除。

（3）优先放行类、其他类重点关注名单最后更新时间后6个月内再无更新记录的，自动解除重点关注名单。费用异常类和临界车型车种类重点关注名单最后更新时间后12个月内再无更新记录的，自动解除重点关注名单。

（4）重点关注名单解除的其他要求由各省根据本省实际制定实施。

8.9.7　重点关注名单应用

省级稽核管理单位可结合重点关注名单车辆通行轨迹，在本稽核或收费业务系统中做提示关注使用。

8.10 通行费补费

8.10.1 一般要求

(1)通行费补费分为补缴和追缴两种形式进行,所有需补费 ETC 车辆的折扣和加收金额可按照地方政府批复的相关法律法规执行。

(2)ETC 客户应由发行服务机构通知客户限期补缴,未按期全额补缴的,列入追缴名单进行追缴。

(3)非 ETC 客户少缴、未缴、拒缴通行费的,直接列入全网追缴名单进行全网追缴。

(4)部联网中心向各省共享追缴名单信息及通行费补费信息。

(5)全网向少缴、未缴、拒缴通行费的客户提供部、省两种补费渠道,其中部联网中心建立部级线上补费渠道,为各级稽核管理单位及所有少缴、未缴、拒缴通行费客户提供补费服务,支持客户完成跨省交易补费;各省发行方可建立线上与线下补费渠道,向本省发行的 ETC 客户提供补费服务,支持现金补费。

(6)各补费渠道在为客户进行补费前,应向客户展示补费信息及相关证据,并具备异议申诉功能。

(7)收到客户提交的异议时,受理省应遵循首问负责制,负责全程协助客户处理异议及补费投诉相关工作。

(8)客户全额补缴完成后,系统自动解除追缴名单,补费前端提示客户"追缴名单将在 4 小时内解除"并自动向客户提供全网统一的补费确认单据,各收费公路经营管理单位在核对完单据后应放行用户。

(9)各省(区、市)发行服务机构通过线上、线下等模式为客户办理挂失、解挂、更换卡签、销户、账户解约等业务时,需先查证确认该客户是否存在欠交通行费,若欠费需完成补缴后才可办理其他业务。

(10)全网内任一入/出口收费站均应为用户提供补费服务。

8.10.2 补费告知

8.10.2.1 ETC 用户补缴告知

(1)ETC 客户应由发行服务机构以电话、短信或公告等方式告知开户人、所有人或所属企业法人代表。告知内容包括通行时间、路径、金额及补缴渠道。

(2)各参与方均应将告知方式、告知时间、告知结果等共享至部级稽核平台,作为发行方工作的考核记录。

(3)ETC 客户在被告知后拒不进行补缴的,可通过律师函、支付令(司法部门简易督促程序文书)等方式再次告知。

(4)电话告知应使用录音电话,并做好音频资料保存和告知登记。告知登记应详细记录告知时间、对象、方式、内容等,保存时限 1 年。

(5)短信告知应保存系统发送的短信相关内容,如时间、内容、告知对象等,保存时限 1 年。

(6)告知书、律师函和支付令应保存原件,并做好文书材料寄出时间、收件人等信息登记。

(7)被告知人拒绝补费的,必要时可进行诉讼追缴。

8.10.2.2　**追缴名单用户现场告知**

已进入追缴名单用户,在补费现场,应指引用户自行登录补费平台查看补费证据及补费消息。不具备操作能力的用户,由收费人员现场向用户展示通行时间、路径、金额及补缴渠道。

8.10.2.3　**通行费补缴**

(1)各参与方对需补费的车辆,应提供足够的交易信息及证据文件,并履行相应告知或公告义务。

(2)客户补缴时,需录入基本信息(包括车牌颜色、车辆号码等),进行系统鉴权,并向客户提供相关欠费信息。

(3)客户若无异议,可直接进行线上补缴。有异议,可提交异议申请。

(4)补缴应在 7 个工作日内完成,未全额补缴的自动启动追缴名单,进行全网限制通行追缴通行费。

(5)ETC 用户可登录部、省两级补费平台进行自助补缴。非 ETC 用户通过部级补费平台自助补缴。

8.10.2.4　**通行费追缴**

(1)各参与方发现追缴名单车辆时,应在入/出口现场限制通行。

(2)各参与方需参照补费相关要求,履行告知或公告义务,由客户自行或收费人员协助其通过部级补费平台进行通行费交款。

8.10.3 非追缴名单现场补费

主要为收费现场人工发现车辆因客户因素有少缴、未缴、拒缴通行费等行为时，进行补费的业务行为。

（1）收费现场人员依据车辆欠费行为特征确认欠费类型，开展现场调查取证工作。所有证据均应为电子版，并标注取证日期。

（2）对证据链完整充分的欠费行为，现场核算通行费，形成通行费核算表。

（3）现场人员应通过相关设备全程记录补费过程，告知相关法律依据和通行费核算金额、依据，客户需对补费记录签字确认。

（4）现场补缴车辆通行费，形成补费流水，相关证据、补费流水号上传至系统，进行编号、建档、保存。

8.10.3.1 异议处理

客户可在通行费补缴前提出异议，对补缴信息提交异议后未撤销异议前，将不得对此补缴记录进行补费。补缴后产生异议的，应通过投诉系统进行处理。

8.10.3.2 线上补缴异议

（1）客户进行线上补费时，如对欠费信息存在异议，可在线上补费平台直接发起异议申诉，申诉工单提交至部级系统。部级系统将工单实时转发至发起方。

（2）各参与方收到异议工单后，应在 3 个工作日内处理并反馈，若客户对所有逃费数据均存异议，并在 ETC 客户的 7 个工作日补缴期内，系统自动延迟 4 个工作日的追缴名单启用时间，用于工单相关参与方校核或补充数据。

（3）各参与方未在要求时限处理完毕的，系统做超时质量记录，并向相关参与方及上级机构推送超时提示。

（4）各参与方在要求时限内处理完毕并回复客户仍存异议的，由各省级稽核管理单位进行判定。

（5）收费站限制通行追缴名单车辆时，若客户对欠费信息有异议，经现场处置人员核实证据确实不足的，可先补缴无异议部分，放行当次客户车辆，异议部分按线上申诉进行处理。

8.10.4 补费资金管理

（1）ETC 客户通过 ETC 账号完成补费的，其补费资金按清分结算体系参与清分结算。

(2)通过部级补费渠道的客户服务端主动(非现场拦截)补费的,ETC 客户补费资金进入发行方所属省中心资金账户;MTC 客户补费资金进入车牌照所属的省中心账户。

(3)收费站现场拦截后,ETC/MTC 客户通过部级补费渠道的行业服务端(B 端)非现金补费的(不支持 ETC 刷卡),其补费资金进入收款单位所属的省中心账户。

(4)收费站现场拦截后,ETC/MTC 客户通过部级补费渠道的行业服务端现场现金补费的,其补费资金按照收款单位所属省(区、市)补缴资金管理规定,归集至省中心账户。

(5)收费站现场拦截后,ETC/MTC 客户通过部级补费渠道的客户服务端自助补缴的,资金进入用户选择的资金收款方(出口站省中心)。

(6)部级稽核管理系统根据获取的交易数据补费结果推送给部级清分结算系统,以补缴的方式参与清分结算,补费资金的接收省作为结算的付款方,其他被欠费单位所属的省中心作为结算的收款方。

8.10.5 补费票据开具

(1)通过 ETC 资金账户完成补费的 ETC 客户,应沿用原方式在全国通行费电子发票平台开具补费电子发票。

(2)通过部级补费平台完成线上自助补费的客户,平台应根据其补费结果提供电子补费确认单,并开具补费电子发票。

(3)通过部级补费平台完成线下非现金、现金补费的客户,应使用在收费站稽核工作人员处补费时所录入的手机号码登录部级补费平台开具补费电子发票。

附 录

附录 1 纸质通行券事件报告模板

事件报告(纸质通行券)

填报单位(盖章):

填报日期:

一、事件描述

1. 使用收费站名称:

(1)是否有 UPS 等应急措施:

(2)便携机设备配备情况(列明类型及数量):

2. 启用时间: 年 月 日 时 分

3. 停用时间: 年 月 日 时 分

4. 使用号段及数量:

5. 使用原因:

二、改进措施

附录 2　外部稽核追缴证据提交规范

附表 2-1　外部稽核追缴证据提交规范

一级	二级	行为说明	证据提交(必填)
改变车型(车种)逃费套取 CPC 卡	货车改客车	利用假证件办理等手段,将实际货车安装的 ETC 设备写成客车 ETC 信息	车辆通行图像、ETC 交易流水(或通行凭证)、客户发行信息(办理资料、车辆相关证件资料、车辆实际图片)、清晰的备注说明等
	大车小标	利用假证件办理等手段,将 ETC 设备写入车型办理小于车辆实际车型	车辆通行图像、ETC 交易流水(或通行凭证)、客户发行信息(办理资料、车辆相关证件资料、车辆实际图片)、清晰的备注说明等
	甩挂逃费	半挂列车进入高速公路时带挂车驶入,在高速公路期间卸下挂车,或将挂车倒换给其他车辆的甩挂、倒挂的行为	车辆通行图像、ETC 交易流水(或通行凭证)、清晰的备注说明等
改变缴费路径逃费	倒换 ETC 设备	互相倒换未合规固定安装在车辆上的 ETC 设备(ETC 标签和 EIC 卡),实现本车或其他车辆跑长途路程交短途费额的	显示未固定安装的 ETC 车辆抓拍图片或 ETC 设备与车辆不符的通行图片、ETC 交易流水(或通行凭证)、客户发行信息(办理资料、车辆相关证件资料、车辆实际图片)、清晰的备注说明等
	倒换 CPC 卡	互相倒换 CPC 卡,实现本车或其他车辆跑长途路程交短途费额	车辆通行图像、ETC 交易流水(或通行凭证)、出口收费员工号或姓名、清晰的备注说明等
	有入无出	只有高速公路入口信息没有出口信息的	车辆入口通行图像、ETC 交易流水(或通行凭证)、清晰的备注说明等(换卡车,应追踪逃费相关另外一台车辆的记录)
	单车闯关	单台车辆强行冲闯收费站	车辆出口闯关通行图像、入口通行图像、ETC 交易流水(或通行凭证》、清晰的备注说明等

附表 2-1

一级	二级	行为说明	证据提交(必填)
	多车闯关	多辆车共同连续强行冲闯收费站	车辆出口闯关通行图像、入口通行图像、EIC 交易流水(或通行凭证)、清晰的备注说明等
	跟车闯关	单台车跟随前方正常交费车辆,在前车交费时紧随其后冲闯收费站	车辆出口闯关通行图像、入口通行图像、ETC 交易流水(或通行凭证)、清晰的备注说明等
	私开道口——沿线设施缺口	通过高速公路沿线设施漏洞缺口与高速公路以外区域连通的路段,驶离高速公路的	车辆入口通行图像、ETC 交易流水(或通行凭证)、清晰的备注说明等。宜提供沿线设施缺口违规通行图像等
改变缴费路径逃费	网内循环行驶(超时停留)	通过屏蔽 OBU 设备、CPC 卡或遮挡、更换车牌等方式,长时间在路网内循环行驶,从事倒客、倒货等运输行为	车辆入口通行图像、EIC 交易流水(或通行凭证)、清晰的备注说明等
	屏蔽 ETC 车载装置	屏蔽、阻断 ETC 车载设备(ETC 标签和 ETC 卡)与高速公路门架或收费站计费设备	车辆通行图像、ETC 交易流水(或通行凭证)、清晰的备注说明等
	屏藏 CPC 卡	屏蔽、阻断 CPC 卡与高速公路门架或收费站计费设备	车辆通行图像、ETC 交易流水(或通行凭证)、清晰的备注说明等

附表 2-1

一级	二级	行为说明	证据提交(必填)
利用优免政策逃费	违规绿通车—装载产品不合格	通过伪装、假冒等手段,装载不符合鲜活农产品目录要求农产品货物获得免费通行的	车辆通行图像、ETC 交易流水(或通行凭证),查验计费/免费信息、违规货物图片、车辆装载货物图片、车辆证件资料、清晰的备注说明等
	违规绿通车—装载不足 80%	装载不足 80% 的鲜活农产品货物,不符合绿通免费政策却获得免费通行的	车辆通行图像、ETC 交易流水(或通行凭证)、绿通查验图片、查验计费/免费信息、清晰的备注说明等
	违规绿通车—与目录外鲜活农产品混装超过 20%	通过与鲜活农产品目录以外的货物混装超过 20%,却获得免费通行的	车辆通行图像、ETC 交易流水(或通行凭证)、绿通查验图片、查验计费/免费信息、清晰的备注说明等
其他逃费	U 形行驶逃费	车辆进入高速公路入口收费站在路网内长途行驶后,又在同一收费站驶出的	车辆通行图像、ETC 交易流水(或通行凭证)、证明 U 形未计费的其他信息、清晰的备注说明等
	J 形行驶逃费	车辆进入高速公路入口收费站在路网内长途行驶后,又从此入口收费站的相邻或距离较近收费站驶出的	车辆通行图像、ETC 交易流水(或通行凭证)、证明 J 形未计费的其他信息、清晰的备注说明等
	一车多签(卡)	单台车辆违规办理多个 ETC 设备,或违规领取多个 CPC 卡的	车辆通行图像、ETC 交易流水(或通行凭证)、相关的所有 ETC 设备的发行信息、清晰的备注说明等

附表 2-1

一级	二级	行为说明	证据提交(必填)
其他逃费	遮挡车牌	驶入高速公路后，通过遮挡车牌干扰实际通行路径计费/收费的	车辆通行图像、ETC 交易流水(或通行凭证)、清晰的备注说明等。宜提供可证明为此车的遮挡车牌照片
	套用车牌	2 台或以上车辆使用同一车牌，或单台车辆套用其他车辆车牌的	车辆通行图像、ETC 交易流水(或通行凭证)、清晰的备注说明等
	无车牌	通过无车牌或不悬挂车牌方式，干扰实际通行路径计费/收费的	车辆通行图像、ETC 交易流水(或通行凭证)、清晰的备注说明等
	移动 OBU	通过未按规定固定安装的 OBU 设备，干扰实际通行路径计费/收费的	显示未固定安装的 ETC 车辆抓拍图片或 ETC 设备与车辆不符的通行图片，ETC 交易流水(或通行凭证)，客户发行信息(办理资料、车辆相关证件资料、车辆实际图片)，清晰的备注说明等
	多次出口丢卡	多次出口无卡特情的	车辆通行图像、ETC 交易流水(或通行凭证)、清晰的备注说明等
	多次入口信息覆盖	通过多次入口通行信息覆盖，干扰实际通行路径计费/收费的	车辆通行图像、ETC 交易流水(或通行凭证)、清晰的备注说明等

附录 3　车道入/出口特情标记类型表

附表 3-1　车道入/出口特情标记类型表

车道入/出口特情代码				特情复核情况		
OBU 特情类型(1~20)	说明	车道类型	特情标记类型	涉及的车道流程图标号	是否复核	复核具体内容
OBU 电量低	识别到 OBU(单片、双片)状态为低电状态	入/出口	系统自动标记	3.4.2	自选	
OBU 拆卸	识别到 OBU(单片、双片)状态为拆卸状态(含预激活)	入/出口	系统自动标记	3.1.2/3.1.5/3.2.2/3.2.5/3.4.4.1	是	1. 核查卡签车牌、车型、车种信息是否一致; 2. 核查卡签车牌、车型、车种信息与实际是否一致
OBU 过期	识别到 OBU(单片、双片)有效期状态为过期状态	入/出口	系统自动标记	3.1.2/3.2.2/3.4.4.1/3.1.5/3.2.5	自选	
OBU 未启用	识别到 OBU(单片、双片)有效期状态为未启用状态	入/出口	系统自动标记	3.4.4.1	自选	
OBU 无卡	识别到 OBU(双片)状态为未插卡状态	入/出口	系统自动标记	3.1.2/3.2.2/3.4.3/3.2.5	是	1. 根据车牌筛选多次 OBU 无卡车辆信息,对通行流水分析无卡原因; 2. 当同一次通行,入/出口通行介质不同时,核查门架牌识、交易等信息还原实际行驶路径与实际收费计费路径进行比对,确定当次是否有逃费嫌疑
OBU 在状态名单里	识别到 OBU(单片、双片)序号为状态名单,导致交易失败	入/出口	系统自动标记	3.1.2/3.2.2/3.4.4.6/3.1.5	自选	

附表 3-1

车道入/出口特情代码				特情复核情况		
OBU 特情类型(1~20)	说明	车道类型	特情标记类型	涉及的车道流程图标号	是否复核	复核具体内容
OBU 发行方无效	识别到 OBU(单片,双片)发行方无效	入/出口	系统自动标记	3.1.2/3.4.4.2/3.1.5	自选	
OBU 车型不合法	识别到 OBU(单片、双片)车辆信息文件中的车型不合法	入/出口	系统自动标记	3.1.2/3.1.5	自选	
OBU EF04 内前缀异常	出口车道识别到 OBU(双片)EF04 文件中第 315~317 字节为 0xBB 0x29 0x00 或 0xCC 0x29 0x00 或其他非定义值	出口	系统自动标记	3.2.2	是	根据车牌查询车辆入口流水,核实具体入口信息;并与计费入口信息对比是否一致
OBU EF04 内标签无卡次数大于 0		门架	系统自动标记	3.2.2	是	1. 根据车牌查询门架交易信息还原实际通行路径与应收金额,应收金额与实收金额比对; 2. 根据车牌筛选多次标签无卡次数大于 0,当大于设定频率阈值时则由最后一个出口路段牵头发起稽核

附表 3-1

<table>
<tr><th colspan="4">车道入/出口特情代码</th><th colspan="3">特情复核情况</th></tr>
<tr><th>OBU 特情类型(1~20)</th><th>说明</th><th>车道类型</th><th>特情标记类型</th><th>涉及的车道流程图标号</th><th>是否复核</th><th>复核具体内容</th></tr>
<tr><td rowspan="2">OBU EF04 内或单片式 OBU 收费站入口无效</td><td>出口车道识别到 OBU(双片) EF04 文件中入口信息无效(第 320~322 字节为 0xAA 0x29 0x00 情况下)</td><td rowspan="2">出口</td><td>系统自动标记</td><td rowspan="2">3. 2. 2/3. 4. 6</td><td rowspan="2">是</td><td rowspan="2">1. 根据车牌信息调取入/出口、门架图片信息，核实入/出口、门架交易车牌、车型、车辆特征、车种的一致性；
2. 根据车牌查询门架交易信息还原实际通行路径、计费单元与实际收费计费路径进行比对</td></tr>
<tr><td>OBU(单片)中入口信息无效</td><td>系统自动标记</td></tr>
<tr><td>OBU EF04 内通行省数量为 0</td><td>识别到 OBU(双片)EF04 文件中累计通行省数量为 0</td><td>出口</td><td>系统自动标记</td><td>3. 2. 2</td><td>自选</td><td></td></tr>
<tr><td>OBU 总累计应收金额异常(大)</td><td></td><td>出口</td><td>系统自动标记</td><td>3. 2. 1</td><td>是</td><td>1. 根据车牌信息调取入/出口、门架图片信息，核实入/出口、门架交易车牌、车型、车辆特征、车种的一致性；
2. 根据车牌查询门架交易信息还原实际通行路径、计费单元与实际收费计费路径进行比对排查 U/J 形、循环行驶等嫌疑</td></tr>
<tr><td>OBU 总累计应收金额异常(小)</td><td></td><td>出口</td><td>系统自动标记</td><td>3. 2. 1</td><td>是</td><td>1. 根据车牌信息调取入/出口，门架图片信息，核实入/出口、门架交易车牌、车型、车辆特征、车种的一致性；
2. 根据车牌查询门架交易信息还原实际通行路径、计费单元与实际收费计费路径进行比对排查私自屏蔽干扰计费设备的嫌疑</td></tr>
</table>

附表 3-1

车道入/出口特情代码				特情复核情况		
OBU 特情类型(1~20)	说明	车道类型	特情标记类型	涉及的车道流程图标号	是否复核	复核具体内容
出口省OBU 本省实收累计金额异常		出口	系统自动标记		是	1. 根据车牌信息调取入/出口、门架图片信息，核实入/出口、门架交易车牌、车型、车辆特征、车种的一致性； 2. 根据车牌查询门架交易信息还原实际通行路径、计费单元与实际收费计费路径进行比对排查 U/J 形、循环行驶、私自屏蔽干扰计费设备等嫌疑
OBU EF04 内无本省入口编码信息		出口	系统自动标记	3. 2. 1	自选	
OBU/CPC 卡累计计费里程异常		出口	系统自动标记		是	1. 根据车牌信息调取入/出口,门架图片信息,核实入/出口。门架交易车牌、车型、车辆特征、车种的一致性； 2. 根据车牌查询门架交易信息还原实际通行路径、计费单元与实际收费计费路径进行比对排查 U/J 形、循环行驶、私自屏蔽干扰计费设备等嫌疑

附表 3-1

车道入/出口特情代码				特情复核情况		
卡片特情类型(21~40)	说明	车道类型	特情标记类型	涉及的车道流程图标号	是否复核	复核具体内容
ETC 卡过期	识别到卡片有效期状态为过期状态	入/出口	系统自动标记	3.1.2/3.2.2/3.4.4.4/3.1.5/3.2.5	自选	
ETC 卡未启用	识别到卡片有效期状态为未启用状态	入/出口	系统自动标记	3.1.2/3.4.4.4/3.1.5	自选	
ETC 卡在状态名单内	识别到 ETC 卡片为状态名单	入/出口	系统自动标记	3.1.2/3.2.2/3.4.4.6/3.1.5	自选	
ETC 卡发行方无效	识别到 ETC 卡发行方无效	入/出口	系统自动标记	3.1.2/3.4.4.3/3.1.5	自选	
ETC/CPC 卡入口无效	识别到 ETC/CPC 卡片中入口信息无效	出口	系统自动标记	3.2.1/3.2.2/3.2.4/3.3.2/3.4.6	是	1. 根据车牌信息调取入/出口、门架图片信息，核实入/出口、门架交易车牌、车型、车辆特征、车种的一致性； 2. 根据车牌查询门架交易信息还原实际通行路径、计费单元与实际收费计费路径进行比对
ETC 卡片储值卡余额不足	识别到 ETC 卡片中储值卡余额不足	出口	系统自动标记	3.2.5/3.1.5	自选	
ETC 卡片余额为 0	识别到 ETC 储值卡卡片电子钱包余额或记账卡虚拟电子钱包余额为 0	入/出口	系统自动标记	3.1.2	自选	

附表 3-1

车道入/出口特情代码				特情复核情况		
卡片特情类型(21~40)	说明	车道类型	特情标记类型	涉及的车道流程图标号	是否复核	复核具体内容
ETC/CPC 卡累计金额异常(大)		出口	系统自动标记	3. 2. 2	是	1. 根据车牌信息调取入/出口、门架图片信息，核实入/出口、门架交易车牌、车型、车辆特征、车种的一致性； 2. 根据车牌查询门架交易信息还原实际通行路径、计费单元与实际收费计费路径进行比对排查 U/J 形、循环行驶等嫌疑
ETC 卡累计金额异常(小)		出口	系统自动标记	3. 2. 2	是	1. 根据车牌信息调取入/出口、门架图片信息，核实入/出口、门架交易车牌，车型，车辆特征、车种的一致性； 2. 根据车牌查询门架交易信息还原实际通行路径、计费单元与实际收费计费路径进行比对排查和自屏蔽干扰计费设备嫌疑
ETC 卡类型非法		入/出口	系统自动标记	3. 4. 4. 4	自选	
CPC 卡电量过低		入/出口	系统自动标记	3. 1. 4	自选	
CPC 卡密钥 UK1 锁定	识别到 CPC 卡密钥 UK1 锁定	出口	系统自动标记	3. 1. 4/3. 2. 1/3. 3. 4	自选	

附表 3-1

车道入/出口特情代码				特情复核情况		
卡片特情类型(21~40)	说明	车道类型	特情标记类型	涉及的车道流程图标号	是否复核	复核具体内容
CPC 卡损坏		出口	人工标记		是	1. 根据车牌筛选多次 CPC 卡损坏通行信息进行分析; 2. 根据车牌查询门架交易信息还原实际通行路径、计费单元与实际收费计费路径进行比对; 3. 多次通行路径与收费路径不符,判断客户故意损坏卡片,建议赔偿卡工本费
无 CPC 卡	用户无 CPC 卡	出口	人工标记	3. 2. 1/3. 2. 4	是	1. 根据车牌查询车辆入口流水,核查入口是否发放 CPC 卡、纸券或使用移动 OBU 交易; 2. 入口已发 CPC 卡或使用移动 OBU 交易,应持续跟进 CPC 卡及 OBU 再次通行情况,排查跑长买短、倒换卡等情况; 3. 另根据车牌查询当次门架交易信息还原实际通行路径、计费单元与实际收费计费路径进行比对
入口站信息错误		出口	系统自动标记		是	1. 根据车牌信息调取入/出口、门架图片信息,核实入/出口、门架交易车牌、车型、车辆特征、车种的一致性; 2. 根据车牌查询门架交易信息还原实际通行路径、计费单元与实际收费计费路径进行比对

附表 3-1

车道入/出口特情代码				特情复核情况		
卡片特情类型(21~40)	说明	车道类型	特情标记类型	涉及的车道流程图标号	是否复核	复核具体内容
CPC 卡发行归属地异常	CPC 卡发行归属地不在联网省信息表	出口	系统自动标记	3.2.1/ 3.2.4/ 3.3.1	是	1. 根据车牌筛选多次 CPC 卡发行归属地异常卡通行信息; 2. 根据通行信息比对入/出口、门架图片车辆特征,排查套牌等嫌疑; 3. 根据车牌查询门架交易信息还原实际通行路径、计费单元与实际收费计费路径进行比对,排查倒卖卡嫌疑
CPC 卡状态异常	CPC 卡 5.8G 开关未打开	出口	系统自动标记	3.2.1/3.2.4/ 3.3.2	自选	
卡签一致性特情类型(41~50)	说明	车道类型	特情标记类型	涉及的车道流程图标号	是否复核	复核具体内容
ETC 卡与 OBU 车牌(含颜色)不符	识别到 ETC 卡片与标签内车牌号(包含颜色)类型非法	入/出口	系统自动标记	3.1.2/3.2.2/ 3.4.4.5/3.1.5/ 3.2.5	是	1. 根据 ETC 卡号查找过往通行信息,提取 ETC 卡对应车牌、车型、车辆特征信息; 2. 根据 OBU 号查找过往通行信息,提取 OBU 对应车牌、车型、车辆特征信息; 3. 根据本次通行信息,提取实际行驶车牌、车型、车辆特征信息; 4. 根据 1、2、3 条排查是否存在一车多签,多车一签等情况

附表 3-1

车道入/出口特情代码				特情复核情况		
卡签一致性特情类型(41~50)	说明	车道类型	特情标记类型	涉及的车道流程图标号	是否复核	复核具体内容
ETC 卡与 OBU 车型不符	识别到 ETC 卡片与标签内车型类型非法	入/出口	系统自动标记	3. 1. 2/3. 2. 2	是	1. 根据 ETC 卡号查找过往通行信息,提取 ETC 卡对应车牌、车型、车辆特征信息; 2. 根据 OBU 号查找过往通行信息,提取 OBU 对应车牌、车型、车辆特征信息; 3. 根据本次通行信息,提取实际行驶车牌、车型、车辆特征信息; 4. 根据 1、2、3 条排查是否存在大车小标等情况
ETC 卡与 OBU EF04 内入口信息不一致(入口站或者入口时间	识别到 OBU EF04 中入口信息与卡片 0019 文件中入口信息不一致	出口	系统自动标记	3. 2. 2/3. 2. 5	是	1. 根据 ETC 卡号查找车辆入口通行信息,门架行驶路径; 2. 根据 OBU 卡号查找车辆入口通行信息、门架行驶路径; 3. 核实两次车牌、车型、车种、车辆特征等信息一致性; 4. 核实两次通行信息的入口站、入口时间,行驶路径,并与收费路径比对

附表 3-1

车道入/出口特情代码				特情复核情况		
入/出口特情类型(51~60)	说明	车道类型	特情标记类型	涉及的车道流程图标号	是否复核	复核具体内容
入/出口车辆车型不符	识别到与入口车型不符合	出口	系统自动标记	3.2.1/3.2.4	是	1. 根据车牌提取入/出口、门架图片复核车牌、车型、车种、车辆特征的一致性，并确认车型信息； 2. 核实收费员操作合规性或是客户存在倒换卡嫌疑
入/出口车牌(含颜色)不符	识别到与入口车牌（包含颜色）不符合	出口	系统自动标记	3.2.1/3.2.4	是	1. 根据车牌提取入/出口、门架图片复核车牌、车型、车种、车辆特征的一致性，并确认车牌信息； 2. 核实收费员操作合规性或是客户存在倒换卡嫌疑
入口流通状态有误(非0x01/0x03/0x10)	识别到入口流通状态有误，参考0019文件的入/出口状态字节	出口	系统自动标记	3.4.6	是	1. 根据车牌提取入/出口、门架图片复核车牌、车型、车种、车辆特征的一致性，并确认车型信息； 2. 根据车牌查询门架交易信息还原实际通行路径、计费单元与实际收费计费路径进行比对
入口标签无卡或读卡出错或入口储值卡余额为0	识别到标签内EF04 0019文件前缀为0xBB 0x29 0x00	出口	系统自动标记	3.2.5	自选	

附表 3-1

车道入/出口特情代码				特情复核情况		
入/出口特情类型(51~60)	说明	车道类型	特情标记类型	涉及的车道流程图标号	是否复核	复核具体内容
门架代写入口	识别到标签内 EF04 0019 文件前缀为 0xCC 0x29 0x00,即表示门架检测到车辆非法或收费站入口车道出现异常情况驶入高速公路,会以第一个读取到的门架信息作为入口信息写入	出口	系统自动标记	3. 2. 5	自选	
从进入路网到离开路网超时(未拦截无须记录,即按正常交易看待)	识别到当前时间到与入口时间相差超过阈值(省内自定义)	出口	系统自动标记	3. 2. 1/3. 2. 4/3. 3. 2	是	1. 根据车牌筛选多次超时、短距离超时(特指大客/货车)、严重超时等车辆流水信息; 2. 短距离超时与严重超时可按当车次进行稽核,多次超时按超时频率,当车辆超时达到一定频次,则由最后一个出口路段牵头发起稽核
路径不可通达		出口	系统自动标记		是	1. 根据车牌、通行介质编码查询入口信息,比对两次查询入口站点、车牌、车型、车种及车辆特征信息,确认入口信息; 2. 根据车牌查询门架交易信息还原实际通行路径,计算车辆应收通行费,并和出口流水的应收通行费、实收通行费进行比对
入/出口轴数不一致	识别到入/出口轴数不一致	出口	系统自动标记	3. 2. 1/3. 2. 4	是	

附表 3-1

车道入/出口特情代码				特情复核情况		
计费特情类型(61~70)	说明	车道类型	特情标记类型	涉及的车道流程图标号	是否复核	复核具体内容
计费模块查询费率返回失败	调用计费模块计费接口返回报错	出口	系统自动标记	3.2.3/3.2.4/3.2.5.1	自选	
计费服务计费请求失败	客户端由于网络,端口故障发送请求失败	出口	系统自动标记	3.2.3/3.2.4/3.2.5.1	自选	
路径不可通达		出口	系统自动标记		是	1. 根据车牌、通行介质编码查询入口信息,比对两次查询入口站点、车牌、车型、车种及车辆特征信息,确认入口信息; 2. 根据车牌查询门架交易信息还原实际通行路径,计算车辆应收通行费并和出口流水的应收通行费、实收通行费进行比对
拟合门架数过多		出口	系统自动标记		是	1. 根据车牌筛选多次拟合门架数过多特情流水; 2. 根据车牌查询门架交易信息,还原通行路径,无多义路径,直接计算车辆应收通行费并和出口流水的应收通行费、实收通行费进行比对。存在多义路径需对比车辆每次拟合门架信息进行分析
计费金额异常		出口	系统自动标记		是	复核特情流水信息中所有计费异常的收费单元与实际费率表比对,分析计费金额异常原因

附表 3-1

车道入/出口特情代码				特情复核情况		
天线设备特情(71~90)	说明	车道类型	特情标记类型	涉及的车道流程图标号	是否复核	复核具体内容
无 DSRC 数据返回(超时)	DSRC 下行帧发送后 100 ms 内未收到 OBU 回复数据	入/出口	系统自动标记	3.1.2/3.2.2/3.1.5/3.2.5	自选	
读取 ETC 卡片文件失败(双片式 OBU)	RSU 对 OBU 进行 ETC 卡片读取操作，OBU 执行指令失败	入/出口		3.2.2	自选	
复合消费初始化失败(双片式 OBU)	RSU 对 OBU 进行复合消费初始化操作，OBU 执行指令失败	入/出口		3.1.2/3.2.2/3.1.5/3.2.5	自选	
更新记录文件缓存失败(双片式 OBU)	RSU 对 OBU 进行更新 0019 文件操作,OBU 执行指令失败	入/出口		3.1.2/3.2.2/3.1.5/3.2.5	自选	
复合消费失败(双片式 OBU)	RSU 对 OBU 进行复合消费操作，OBU 执行指令失败	入/出口		3.1.2/3.2.2/3.1.5/3.2.5	自选	
更新 OBU EF04 文件失败(双片式 OBU)	RSU 对 OBU 进行 EF04 文件更新操作，OBU 执行指令失败	入/出口	系统自动标记	3.1.2	自选	
MAC1 无效(双片式 OBU)	MAC1 无效失败	入/出口	系统自动标记	3.1.2/3.2.2/3.1.5/3.2.5	自选	
MAC2 无效(双片式 OBU)	MAC2 无效失败	入/出口	系统自动标记	3.1.2/3.2.2/3.1.5/3.2.5	自选	

附表 3-1

车道入/出口特情代码				特情复核情况		
PSAM 卡特情(91~100)	说明	车道类型	特情标记类型	涉及的车道流程图标号	是否复核	复核具体内容
PSAM 卡黑名单		入/出口	系统自动标记		是	1. 核查同一 PSAM 卡黑名单流水入口信息是否一致，如一致本路段入口可现场核实，其他路段可通过发起内部工单核实； 2. 过滤筛选同一黑名单 PSAM 卡短时间多个入口站信息流水，怀疑 PSAM 被盗用并利用 PSAM 卡倒卖通行卡可能，可由原 PSAM 卡所属路段发起涉及车辆稽核
PSAM 卡未授权		入/出口	系统自动标记		是	1. 核查同一 PSAM 卡未授权流水入口信息是否一致，如一致本路段入口可现场核实，其他路段可通过发起内部工单核实； 2. 过滤筛选同一未授权 PSAM 卡短时间多个入口站信息流水，怀疑 PSAM 被盗用并利用 PSAM 卡倒卖通行卡可能

附表 3-1

车道入/出口特情代码				特情复核情况		
车道软件特情（101~110）	说明	车道类型	特情标记类型	涉及的车道流程图标号	是否复核	复核具体内容
车道参数有误		入/出口	系统自动标记		是	核实车道软件版本号，费率参数、广场号、车道号信息等，如异常及时通知运维人员，减少异常流水，避免影响清分结算
车道系统对时有误		入/出口	系统自动标记		是	核实车道系统时间，系统对时有误及时反馈至机电人员，减少异常流水，避免影响清分结算
车道系统黑名单版本有误		入/出口	系统自动标记		是	核实车道系统黑名单版本号：全量版本号及增量版本号，散本有误及时反馈至机电人员，避免通行费损失或引起投诉
其他特情（111~130）	说明	车道类型	特情标记类型	涉及的车道流程图标号	是否复核	复核具体内容
U形车拦截（未拦截无须记录）		出口	系统自动标记		是	1. 核实车辆通行流水、入/出口抓拍图片中车牌、车型、车种信息是否一致； 2. 根据车牌查询门架流水，提取车辆行驶路径； 3. 重点对高频U形行车车辆通行流水、行驶路径规律分析与稽核

附表 3-1

车道入/出口特情代码				特情复核情况		
其他特情（111～130）	说明	车道类型	特情标记类型	涉及的车道流程图标号	是否复核	复核具体内容
大客车限时通行（未拦截无须记录）		入/出口	系统自动标记	3.4.5	自选	
节假日免费		入/出口	系统自动标记		是	1. 核实车辆是否属于客车，车辆座位数等信息的真实性，以及座位数是否在政策文件规定范围内； 2. 核实通行流水车牌、车种、车型和入/出口、门架抓拍图片一致性； 3. 核实车辆通行时间是否属于优惠时间范围内
车辆闯关		入/出口	系统自动标记		是	1. 根据车道图像抓拍、录像等提取车辆车牌、车型、车种、车辆特征信息； 2. 根据第 1 点提取的信息，与沿线门架车辆车牌、车型、车种、车辆特征信息进行比对，以便确认车辆真实信息后进行稽核追缴

附表 3-1

车道入/出口特情代码				特情复核情况		
其他特情（111~130）	说明	车道类型	特情标记类型	涉及的车道流程图标号	是否复核	复核具体内容
车牌在追缴黑名单	识别车辆车牌信息在车牌追缴黑名单内	入/出口	系统自动标记	3.1.1/3.2.1/3.2.2	是	1.根据车辆通行记录，提取车辆车牌及颜色、车型、车种、车身颜色等信息，并与追缴黑名单中该车车牌及特征等相关信息进行一致性比对； 2.如确属追缴黑名单车辆，查询该车是否存在近期补缴记录，是否存在名单下发延迟等情况
车辆滞留车道时间过长		入/出口	系统自动标记		是	主要对收费亭录音、车道录像、抓拍图片进行复核，核实滞留时间过长主要原因
砸车		入/出口	人工标记		是	1.核实车道入/出口抓拍图片、车道录像是否存在该现象； 2.通过车道图像核实收费员收费合规性，以及文明服务情况
跟车逃费		入/出口	系统自动标记		是	1.根据通行表中通行时间查询该收费站车道录像，提取跟车逃费车辆车牌、车型、车种信息； 2.根据提取的车辆信息与入/出口流水信息、外部车辆数据源信息等进行比对，确认车辆真实信息后进行稽核追缴

附表 3-1

车道入/出口特情代码				特情复核情况		
其他特情（111～130）	说明	车道类型	特情标记类型	涉及的车道流程图标号	是否复核	复核具体内容
交易未完成（交易超时）		入/出口	系统自动标记		是	主要对收费亭录音、车道录像、抓拍图片进行复核，核实交易超时主要原因
无标签车辆		入/出口	系统自动标记		是	通过广场、车道录像、车道日志、流水等核查是否存在跟车逃费嫌疑
一车多标	识别到车辆中携带存在多个OBU，可能会导致交易失败	入/出口	系统自动标记	3.4.7	是	1. 根据车牌信息确定车辆行驶时间前后3 s（或一定阈值），查询是否有多条入/出口流水； 2. 短时间内多条入/出口流水是否有对应的抓拍图片，而且图片中车辆车牌及特征信息是否和流水完全对应； 3. 根据提取的OBU信息查询入/出口流水，复核是否存在同一个OBU不同车辆使用的情况
入/出口通行短时	识别到入/出口站通行超时（仅限于本省）	出口	系统自动标记	3.3.3	是	1. 根据车牌筛选多次超时、短距离超时（特指大客/货车）、严重超时等车辆流水信息； 2. 短距离超时与严重超时可按当车次进行稽核，多次超时按规时频率，当车辆超时达到一定频次，则由最后一个出口路段牵头发起稽核

附表 3-1

车道入/出口特情代码				特情复核情况		
其他特情(111~130)	说明	车道类型	特情标记类型	涉及的车道流程图标号	是否复核	复核具体内容
绿通查验不合格	出口绿通查验不合格	出口	人工标记	3. 2. 1/3. 2. 6. 1	是	1. 核查出口流水车牌、车型、车种信息是否和入/出口车辆抓拍图片，以及抽取个别途径门架车辆抓拍图片信息进行比对，确认是否为同一部车辆； 2. 根据绿通政策文件核实该绿通车辆是否确不符合优惠的各项条件，如容积、质量、照片合规性、行驶证信息准确性等
绿通查验现场免费		出口	人工标记	3. 2. 1/3. 2. 6. 1	是	1. 核查出口流水车牌、车型、车种信息是否和入/出口车辆抓拍图片，以及抽取个别途径门架车辆抓拍图片信息进行比对，确认是否同一部车辆； 2. 根据绿通政策文件核实该绿通车辆是否满足优惠的各项条件，如容积、质量、照片合规性、行驶证信息准确性等

附表 3-1

<table>
<tr><th colspan="4">车道入/出口特情代码</th><th colspan="3">特情复核情况</th></tr>
<tr><td>其他特情
(111~130)</td><td>说明</td><td>车道类型</td><td>特情标记类型</td><td>涉及的车道流程图标号</td><td>是否复核</td><td>复核具体内容</td></tr>
<tr><td>无此车辆入口信息</td><td></td><td>出口</td><td></td><td></td><td>是</td><td>1. 根据车牌查询车辆入口流水，核实具体入口信息；
2. 利用车脸识别技术，提取入口车牌信息，并和出口车辆车牌等信息进行比对后确认车辆入口信息；
3. 利用车脸识别技术，将门架图片信息进行结构化，将出口车辆车牌等信息与门架图片结构化数据进行比对，提取车辆首次经过门架信息；
4. 根据上述 3 点筛选的内容，进一步确定车辆实际入口信息后，计算车辆应收通行费并和出口流水的应收通行费、实收通行费进行比对</td></tr>
<tr><td>省内自定义特情
(131~150)</td><td>说明</td><td>车道类型</td><td>特情标记类型</td><td>涉及的车道流程图标号</td><td>是否复核</td><td>复核具体内容</td></tr>
<tr><td>计费金额小于入/出口可达路径最小费额</td><td>计费金额小于入/出口可达路径最小费额</td><td>出口</td><td rowspan="3"></td><td>3.2.2</td><td>自选</td><td></td></tr>
<tr><td>跨区作业运输车查验不合格</td><td>跨区作业运输车查验不合格</td><td>出口</td><td>3.2.1/3.2.6.1</td><td>自选</td><td></td></tr>
<tr><td>跨区作业运输车现场免费</td><td>跨区作业运输车现场免费</td><td>出口</td><td>3.2.1/3.2.6.1</td><td>自选</td><td></td></tr>
</table>